特別支援教育サポートBOOKS

学級経営&授業の ユニバーサル デザインと 合理的配慮

―通常の学級でできる支援・指導―

梶谷真弘 著

明治図書

はじめに

　現在，特別支援教育に関するたくさんの実践例や方法が紹介されています。苦手さを抱える子どもたちに対しての関心が高まり，その方法が注目されていることは，とてもよいことです。
　しかし，紹介されている支援方法を取り入れても，うまくいく場合といかない場合があります。その子のためを思ってやっていても，うまくいかない事例をたくさん見てきました。うまくいかない事例には，次の2つの共通点があります。

①子どもを十分に理解せずに，方法ばかりを考えている
　「こんな方法があるから」，「このやり方がいいから」と，方法ばかりを取り入れても，うまくいきません。大切なことは，子どもの特性や状態，その行動の原因・背景を的確に捉えることです。これを，**アセスメント**といいます。どんなによい支援方法でも，子どもの実態やニーズに合わなければ，うまくいきません。子どもをよく理解し，根拠に基づく支援・指導を行うことが大切です。

②支援だけで，子どもの力をつけていない
　「支援」というと，どうしても周りの環境を整備したり，教師の関わり方を工夫したり，という視点に重きが置かれがちです。
　もちろん，その視点は大切です。しかし，私は子どものために力をつけるという視点を重視しています。そのため，本書で紹介するユニバーサルデザインや合理的配慮は，子どもが落ち着いて参加するためのものと，子どもに力をつけるためのものに分けて紹介しています。

本書は，次のような構成になっています。

　1章は，2つの節から成ります。1節では，「そもそもユニバーサルデザインや合理的配慮とは何か」を解説し，それぞれの目的に合わせた支援・指導の分類表を載せています。2節では，本書で紹介する支援・指導の基礎となる考え方を解説しています。子ども理解の方法であるアセスメントの方法や，子どもを理解するための支援教育の理論などです。紙幅の都合で，2・3章で紹介する内容に関係する理論を中心に解説しており，すべてを網羅できていません。ご容赦ください。1章は，本書の中では，言わば「理論編」です。すぐに実践に役立てたい方は，2章からお読みいただいても構いません。

　2章では，「落ち着いて参加する」，「子どもに力をつける」という，支援・指導の目的に合わせた分類表の項目ごとに，14のユニバーサルデザインと，12の合理的配慮のポイントと実践例を具体的に紹介しています。

　3章では，学級経営で，授業で出会う様々な場面に対して，どのように支援・指導すればよいかを，合計13の場面ごとに具体的に解説しています。

　また，4～5ページ，8～9ページには「ユニバーサルデザイン／合理的配慮のタイプ別索引」，6～7ページには「授業での困った別索引」を載せています。「今，気になっているあの子に，どう対応すればよいか」，「授業のこの部分がうまくいかないが，どうすればよいか」という疑問から検索し，そこから読んでいただいても構いません。ぜひ，有効にご活用ください。

梶谷　真弘

こんな子がいるクラスに有効！UDチェックリスト

✓ 行動面

子どもの特徴	支援方法
落ち着きのない子	刺激の調節 ▶50pへ 脳内神経伝達物質への配慮 ▶62pへ
集中が続かない子	刺激の調節 ▶50pへ 空間の構造化 ▶54pへ 授業のユニット展開 ▶58pへ 教材選択・提示 ▶76pへ 簡潔・具体的な説明 ▶80pへ 確認・追質問 ▶82pへ
全体指示で動くのが難しい子	指示の明確化 ▶56pへ 簡潔・具体的な説明 ▶80pへ
我慢が苦手な子	刺激の調節 ▶50pへ スキルトレーニング的指導 ▶86pへ
片づけが苦手な子	空間の構造化 ▶54pへ
不器用で失敗しやすい子	プラスサイクル ▶60pへ 板書の構造化 ▶68pへ
不安が強い子	脳内神経伝達物質への配慮 ▶62pへ
頭ではわかっていても，行動できない子	スキルトレーニング的指導 ▶86pへ

✓ 学習面

子どもの特徴	支援方法
LD（学習障害）傾向の子	授業のユニット展開　▶58p へ プリント資料の構造化　▶72p へ
勉強しようとしない子	プラスサイクル　▶60p へ 脳内神経伝達物質への配慮　▶62p へ
学習内容の理解が苦手な子	板書の構造化　▶68p へ プリント資料の構造化　▶72p へ
目立たないが学力が低い子	思考の視覚化　▶78p へ 確認・追質問　▶82p へ

✓ 認知特性面

子どもの特徴	支援方法
見通しをもつのが苦手な子	視覚化　▶52p へ 空間の構造化　▶54p へ プリント資料の構造化　▶72p へ
状況理解が苦手な子	視覚化　▶52p へ
聴覚情報より視覚情報のほうが理解しやすい子	視覚化　▶52p へ 指示の明確化　▶56p へ 教材選択・提示　▶76p へ 思考の視覚化　▶78p へ 簡潔・具体的な説明　▶80p へ 確認・追質問　▶82p へ
曖昧な言葉や抽象的な言葉を理解しづらい子	指示の明確化　▶56p へ プラスサイクル　▶60p へ
見え方に特徴（苦手さ）のある子	板書の構造化　▶68p へ 教材選択・提示　▶76p へ
複数の作業に一度に取り組むことが苦手な子	思考の視覚化　▶78p へ スキルトレーニング的指導　▶86p へ

授業で陥りやすい 失敗ポイント克服リスト

授業の様子	支援方法
授業中，立ち歩きがある	刺激の調節　▶50pへ プラスサイクル　▶60pへ
指示や説明をしても聞いてくれない	刺激の調節　▶50pへ 視覚化　▶52pへ 指示の明確化　▶56pへ 簡潔・具体的な説明　▶80pへ
板書しても写さない，時間がかかる	板書の構造化　▶68pへ プリント資料の構造化　▶72pへ
ルールを守ってくれない	視覚化　▶52pへ 空間の構造化　▶54pへ 指示の明確化　▶56pへ 授業のユニット展開　▶58pへ
叱ってばかりになる	空間の構造化　▶54pへ 指示の明確化　▶56pへ 授業のユニット展開　▶58pへ プラスサイクル　▶60pへ
ダラダラした雰囲気がある	指示の明確化　▶56pへ プラスサイクル　▶60pへ 教材選択・提示　▶76pへ 確認・追質問　▶82pへ
教材に興味をもってくれない	刺激の調節　▶50pへ 板書の構造化　▶68pへ プリント資料の構造化　▶72pへ 教材選択・提示　▶76pへ

授業の様子	支援方法
考えようとしない	プリント資料の構造化　▶72p へ 教材選択・提示　▶76p へ 思考の視覚化　▶78p へ 確認・追質問　▶82p へ スキルトレーニング的指導　▶86p へ
同じ子ばかり発言する	プリント資料の構造化　▶72p へ 思考の視覚化　▶78p へ 確認・追質問　▶82p へ スキルトレーニング的指導　▶86p へ
話し合いができない	プリント資料の構造化　▶72p へ 思考の視覚化　▶78p へ スキルトレーニング的指導　▶86p へ
学力がつかない	板書の構造化　▶68p へ プリント資料の構造化　▶72p へ 思考の視覚化　▶78p へ 簡潔・具体的な説明　▶80p へ 確認・追質問　▶82p へ スキルトレーニング的指導　▶86p へ

こんな子に有効！合理的配慮チェックリスト

✓ 行動面

子どもの特徴	支援方法
落ち着きのない子	刺激の調節　▶90p へ
集中が続かない子	座席配置　▶88p へ 刺激の調節　▶90p へ
不安が強い子	座席配置　▶88p へ
片づけが苦手な子	視覚化・構造化　▶92p へ
全体指示で動くのが難しい子	個別対応　▶98p へ
反抗的な態度を見せる子	肯定的フィードバック　▶100p へ
暴言が出る子	時間・場所の確保　▶94p へ 肯定的フィードバック　▶100p へ

✓ 学習面

子どもの特徴	支援方法
書きに課題のある子	時間・場所の確保　▶94p へ 代替手段の提供　▶96p へ タイプ別指導法　▶104p へ
読みに課題のある子	代替手段の提供　▶96p へ
勉強しようとしない子	個別対応　▶98p へ スモールステップ　▶108p へ 意欲のデザイン　▶110p へ
目立たないが学力が低い子	タイプ別指導法　▶104p へ スモールステップ　▶108p へ 意欲のデザイン　▶110p へ

✓ 認知特性面

子どもの特徴	支援方法
見え方に特徴（苦手さ）のある子	座席配置　▶88p へ
大きな音が苦手な子	刺激の調節　▶90p へ
見通しをもつのが苦手な子	視覚化・構造化　▶92p へ 事前予告，リハーサル　▶102p へ
コミュニケーションが苦手な子	視覚化・構造化　▶92p へ 代替手段の提供　▶106p へ
気持ちのコントロールが苦手な子	時間・場所の確保　▶94p へ
暗黙のルールを理解しづらい子	個別対応　▶98p へ
急な予定の変更が苦手な子	事前予告，リハーサル　▶102p へ
新しい環境や課題が苦手な子	事前予告，リハーサル　▶102p へ
聴覚情報より視覚情報のほうが理解しやすい子	タイプ別指導法　▶104p へ

CONTENTS

はじめに

≡ こんな子がいるクラスに有効！UDチェックリスト …4
≡ 授業で陥りやすい失敗ポイント克服リスト …6
≡ こんな子に有効！合理的配慮チェックリスト …8

 1章 基礎からわかる！ユニバーサルデザインのための子ども理解

これだけはおさえておきたい支援・指導方針を決めるための基礎知識

① 支援・指導の前に考えたいこと …16
② ユニバーサルデザイン（UD）とは …18
③ 合理的配慮とは …20
④ UD・合理的配慮の目的分類と支援のチェックリスト …24

子ども理解のために知っておきたいキーワード

① アセスメント－根拠に基づいて子どもを観察する …26
② 応用行動分析－原因・行動・結果をセットで考える …28
③ 得意・不得意（凸凹）－脳の情報処理に注目する …32
④ PASS理論－情報処理過程の4つの枠組み
　プランニング－行動や問題解決を司る機能 …36
　注意－刺激に注意を向ける機能 …38
　同時処理・継次処理－関連付けと順序立ての機能 …40

⑤ワーキングメモリ－記憶を保管する　…42

⑥セロトニン・ドーパミン・ノルアドレナリン　…44
　－脳内神経伝達物質の関わり

⑦視覚認知－視力とは異なる「見る力」　…46

子どものつまずきに対応！
2章 通常の学級でできる支援・指導

ユニバーサルデザインの観点から

【参加するための物的支援】

①刺激の調節　…50

②視覚化　…52

③空間の構造化　…54

【参加するための人的支援】

①指示の明確化　…56

②授業のユニット展開　…58

③プラスサイクル　…60

④脳内神経伝達物質への配慮　…62

【力をつけるための物的支援】

①板書の構造化　…68

②プリント資料の構造化　…72

③教材選択・提示　…76

④思考の視覚化　…78

【力をつけるための人的支援】

①簡潔・具体的な説明　…80

②確認・追質問　…82

③スキルトレーニング的指導　…86

合理的配慮の観点から

【参加するための物的支援】

①座席配置　…88

②刺激の調節　…90

③視覚化・構造化　…92

④時間・場所の確保　…94

⑤代替手段の提供　…96

【参加するための人的支援】

①個別対応　…98

②肯定的フィードバック　…100

③事前予告，リハーサル　…102

【力をつけるための物的支援】

①タイプ別指導法　…104

②代替手段の提供　…106

【力をつけるための人的支援】

①スモールステップ　…108

②意欲のデザイン　…110

3章 ケースでわかる！アセスメント＆支援・指導の実際

学級経営編
- ①提出物がそろわない …114
- ②すぐに暴力をふるってしまう …116
- ③イライラを抑えられない …118
- ④自己表現が苦手な子への関わり方 …120
- ⑤注意がそれやすい …122
- ⑥計画的に取り組むのが苦手 …124
- ⑦思ったことをすぐ口に出してしまう …126

授業編
- ①漢字が覚えられない …128
- ②地図が読めない …130
- ③九九ができない …132
- ④発表するのが苦手 …134
- ⑤話を聞くのが苦手 …136
- ⑥議論するのが苦手 …138

おわりに
引用・参考文献一覧

基礎からわかる！
ユニバーサルデザインのための
子ども理解

これだけはおさえておきたい支援・指導方針を決めるための基礎知識

①支援・指導の前に考えたいこと

　現在，ユニバーサルデザインや合理的配慮の方法が，たくさん紹介されています。その１つ１つは，学校現場や研究の場で生み出された，価値のあるものです。しかし，危惧することもあります。次の事例を見てみましょう。

> 　Ａさんは，小学校５年生の広汎性発達障害の子です。国語の時間に新しい文章が読めず，教室を飛び出していきました。

　この子に対して，どのように支援・指導していきますか。おそらく，次のような方法が考えられるのではないでしょうか。

- 事前に教師と一緒に読んでおく。
- 読めない漢字がないように，ルビをふっておく。
- 新しく出てくる言葉の意味を，黒板に書いておく。
- 内容をイメージしやすいように，絵やイラストを用意する。
- 困ったときに気持ちを伝えるカードを用意する。
- 授業中にクールダウンにいく場所を決めておく。

　この他にたくさん考えられた方もいらっしゃるでしょう。これらはすべて，効果的である可能性があります。では，これらの支援・指導を，すべて行うべきなのでしょうか。すべて取り入れるのがＡさんのためなのでしょうか。すべて取り入れてしまうと，情報量が多く，Ａさんは余計に混乱することでしょう。また，限りなく支援を行うと，かえってＡさんの成長の機会を奪い

かねません。

　では，どの方法を，どのように取り入れ，またどの方法を削りますか。どの組み合わせが，Aさんにとってベストですか。おそらく，先の例文だけでは判断できないはずです。方法を知っているのは，とても大切です。子どもを育てるうえで，前提条件とも言えます。しかし，目の前の子やクラスに対して，どう支援・指導するかという点から考えると，それだけでは不十分です。

　医者は，患者に対してむやみに薬を出したりしません。それぞれに副作用があるからです。医者は，患者をよく観察し，科学的根拠に基づいて最適な薬を処方します。

　教師もそうあるべきです。「自閉症だから……」，「ADHDだから……」という程度の浅い理解では，不十分なのです。ユニバーサルデザインも，「こんな方法があるから」や「この方法がいいと聞いたから」と，画一的に行っては，かえって害を与えることもあるのです。

　科学的な根拠に基づいて，子どもを観察（アセスメント）し，その子の将来を見据えて目標を定め，支援・指導の方法を考えなければなりません。その流れを示したのが，下の手順です。

表1　支援・指導の手順

手順	内容
①アセスメント（観察）	科学的な根拠に基づいて子どもを観察する。
②優先順位の決定	どの課題に優先的に取り組むかを決める。
③課題分析	課題を細分化し，ステップを決める。
④支援・指導の方法の決定	支援・指導の内容・方法を決める。
⑤実践・記録	実際に支援・指導を行い，記録をとる。
⑥効果の検証，方針の修正	定期的に効果を検証し，修正を行う。

（筆者作成）

　これらの手順を踏み，アセスメントに基づいた，効果的なユニバーサルデザインや合理的配慮を行っていきましょう。

基礎知識  支援・指導 ケース別

これだけはおさえておきたい支援・指導方針を決めるための基礎知識

②ユニバーサルデザイン(UD)とは

突然ですが，次の文を読んでください。

資料1

> われらはへいわをいじしせんせいとれいじゅうあっぱくとへんきょうをちじょうからえいえんにじょきょしようとつとめてゐるこくさいしゃかいにおいてめいよあるちいをしめたいとおもふ。　（日本国憲法前文より）

いかがでしたか。すらすら読めましたか。
では，次の文を読んでください。

資料2

> われらは　へいわを　いじし　せんせいと　れいじゅう　あっぱくと　へんきょうを　ちじょうから　えいえんに　じょきょしようと　つとめてゐる　こくさいしゃかいにおいて　めいよある　ちいを　しめたいと　おもふ。　　　　　（日本国憲法前文より）

いかがでしたか。資料1よりも，少し読みやすくなったのではないでしょうか。

おそらく読者のみなさんは，これまで「読み」に関して，それほど困難を感じることなく過ごされてきたのではないでしょうか。しかし，そんなみなさんでも，資料1よりも，資料2のほうが読みやすいと感じたはずです。資料1と資料2，書かれている内容はまったく同じです。どこが違うのでしょうか。

- 資料2は，文節ごとにスペースを空けている。
- 資料2は，行の間隔を広くしている。

　平仮名という文字は，1字ずつには意味がありません。いくつかのまとまりになってはじめて，意味を読み取ることができます。そのため，そのまとまりがわからなくなると，読みにくくなります。そこで，文節ごとに少し間隔を空けることで，そのまとまりを捉えやすくなり，読みやすくなります。

　私たちでも読みにくく感じるのですから，読みに何らかの苦手さのある子なら，なおさらです。そういった読みに苦手さのある子は，私たちが負担なく読めている物にも，読みにくさを感じています。例えば，上の行と下の行の間隔が狭いと，それぞれが重なって見える子がいます。そういう子には，行の間隔を少し広くしてあげると，読みやすくなります。しかも，それはその子だけでなく，他の子にとっても，読みやすくなります。このように，苦手さのある子だけでなく，みんなにとってわかりやすい，使いやすいように工夫されたものを「ユニバーサルデザイン」（以下，UDと略記）といいます（図1）。

図1　UDの考え方

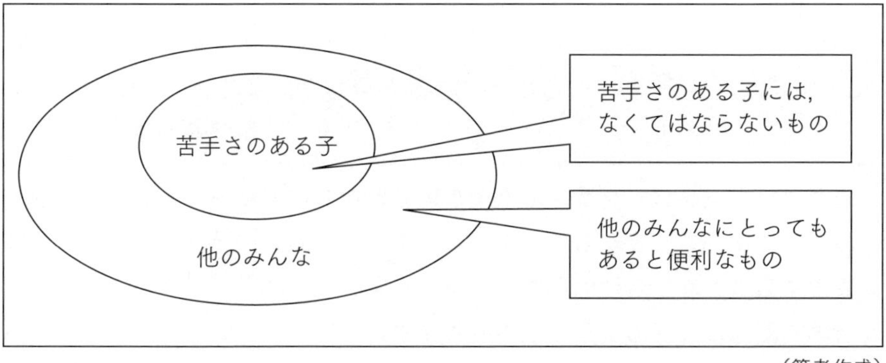

苦手さのある子 → 苦手さのある子には，なくてはならないもの

他のみんな → 他のみんなにとってもあると便利なもの

（筆者作成）

これだけはおさえておきたい支援・指導方針を決めるための基礎知識

③合理的配慮とは

　先ほど（18ページ）の文を思い出してください。資料１よりも資料２のほうが，つまり，UDがあるほうが，読みやすくなりました。しかし，資料２でも，読みにくい子はいます。そのままでは，その子は読みづらさを感じ，読むことが嫌になります。そして，学習に対して苦手意識が芽生え，学習しなくなります。そういう子に，どのように読みやすく支援すればよいでしょうか。

　例えば，次のような方法があります。

(1)　**文節ごとにスラッシュを入れる**

> われらは／へいわを／いじし／せんせいと／れいじゅう／あっぱくと
> へんきょうを／ちじょうから・・・　　　　　　　（日本国憲法前文より）

(2)　**読字用のシートを用いて，他の行が見えないようにする**

> へんきょうを　ちじょうから　えいえんに　じょきょしようと
>
> しめたいと　おもふ。　　　　　　　　　　　　（日本国憲法前文より）

　こういった支援は，クラスのみんなに必要なものではありません。苦手さのある子に個別に必要なものです。このように，本人の特性に応じて，個別に支援することを「合理的配慮」といいます。

　合理的配慮は，次のように説明されます。

> 障がいのある子どもやその保護者から何らかの配慮を求める意思の表明があった場合には，社会的障壁を取り除くために，負担が過重でない範囲で，必要で合理的な配慮（合理的配慮）を行います。
> （大阪府教育庁『「障害を理由とする差別の解消の推進に関する法律」について－「ともに学び，ともに育つ」学校づくりをめざして－』より）

UDと合理的配慮は，別々に考えるのではなく，合わせて考えると効果的です。例えば，次のような子どもがいるクラスを考えてみましょう（表2）。

表2　クラスにいる子ども（例）

A 診断：読み障害	・漢字はほぼ読めない。 ・文章を読むのも苦手。 ・耳からの情報はよく理解できる。
B 診断：自閉症スペクトラム	・見通しをもつのが苦手。 ・全体指示を聞くのが苦手。 ・漢字はほぼ読めない。
C 診断：ADHD	・注意がそれやすい。 ・文章を読むのが苦手。
D 診断：なし	・全体的に学力が低い。 ・文章を読むのが苦手。

（筆者作成）

　このように，多種多様な苦手さ・不得意をもった子が複数在籍しているクラスが，現在とても多くなっています。子どものことを大切にする教師であればあるほど，それぞれの子が学びやすいように様々な工夫をします。ある子には事前に見通しをもたせ，ある子には注意が持続するように声かけをし続け，文章を読むのが苦手な子のために特別なプリントを用意し，漢字が読めない子にはルビを打つ。このような一人ひとりの特性に合わせた教材づくりや個別の支援を，できる限り行います。しかし，一人ひとりの特性や苦手さに，1人の教師がすべて対応することは，不可能に近いです。
　また，逆にすべての苦手さに対応できないからといって，個別の支援を行

わないということも問題です。現在の多様な特性や苦手さのある子が在籍するクラスでは，その苦手さや特性への配慮が欠かせなくなっています。では，診断を受けている子に限って個別の支援をすればよいのでしょうか。しかし，診断を受けていない子でも，苦手さや特性への配慮が必要な子はたくさんいます。

では，どのようにすればよいのでしょうか。ポイントは，UDと合理的配慮をうまく組み合わせることです。A～Dの特性・苦手さに対して行うUDと合理的配慮の例を整理すると，表3となります。

表3　子どもの特性・苦手さに対して行うUDと合理的配慮（例）

	支援方法	対象
UD	・ルビ打ちプリント ・文節ごとに間隔 ・活動の流れの視覚化 ・指示の視覚提示	・みんな（特にA，Bに有効） ・みんな（特にA，C，Dに有効） ・みんな（特にBに有効） ・みんな（特にB，Cに有効）
合理的配慮	・代読（介助員の配置） ・個別に言葉かけ ・個別に言葉かけ	・A ・B ・C

（筆者作成）

表3の中のUDは，次の通りです。漢字が読めない，読みにくさのある子は，他にもいます。そこで，ルビを打ったプリントを用意し，AさんやBさんだけでなく，他の子も選べるようにします。また，文章を読むのが苦手な子も，他にもいます。そこで，文節ごとに間隔をあけたプリントを用意し，選べるようにします。活動の流れを視覚的に提示することはBさんだけでなく，他の子にとっても便利です。指示を視覚的に提示することも，BさんやCさんだけでなく，他の子にとっても便利です。

そして，UDだけでは足りない部分に，合理的配慮を行います。Aさんは，読むことに苦手さがありますが，耳からの情報はよく理解できます。そこで，必要があれば，学習をサポートする介助員を配置し，文章を読んでもらうこ

とで，Aさんの得意な方法で学習できるようになります。また，BさんとCさんは，全体指示で動くことが難しい場合は，全体指示の後に個別に指示をかけてあげることで，学習に取り組めるようになります。

図2を見てください。

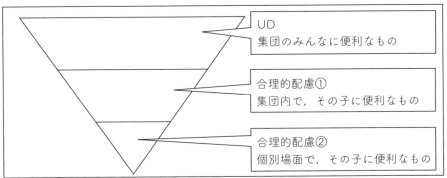

図2　UDと合理的配慮の関係図

（筆者作成）

　40人もの子どもたちを抱える教師が，一人ひとりに完璧な合理的配慮を行うことは不可能に近いです。実際，「障害者権利条約」でも，「均衡を失した又は過度の負担を課さないもの」という但し書きがついています。そこで，次のような捉え方が重要です。

　まず，集団のみんなに便利でわかりやすい，UDの観点で学級づくり・授業づくりを行います。次に，それだけでは難しい子に対して，集団内でできる合理的配慮を行います。そして，集団内での学習が難しい場合，個別場面での合理的配慮を行います。

　このように考えると，集団に適したUDを行うことで，個別に行う合理的配慮を少なくすることができ，教師にとっても，子どもたちにとっても，無理のない形になります。合理的配慮は，子ども全員のニーズに応えるというものではなく，その集団のみんなに有益となる方法を考えることなのです。

　本書では，UDと合理的配慮の具体的な方法を分けて書いていますが，実際に授業する場合には，うまく組み合わせて利用すると，より効果的です。

これだけはおさえておきたい支援・指導方針を決めるための基礎知識

④ UD・合理的配慮の目的分類と支援のチェックリスト

　UDや合理的配慮の目的は、大きく分けて2つあります。

　1つ目は、「参加する」ためのものです。学習に苦手さがあったり、周囲の環境に問題があったりすると、授業に参加できなかったり、落ち着いて学校生活を送れなかったりします。また、苦手なことが原因で本来もっている力を発揮できなくなります。そこで、その原因を取りはらう、もしくは別の方法に置き換えて、「参加する」ためのサポートをします。例えば、見通しを立てづらい子に対して、スケジュールを事前に渡したり、視覚的に提示したりして、落ち着いて参加できるようにサポートすることが、これに当たります。これまでのUDや合理的配慮は、この「参加する」面がほとんどでした。

　2つ目は、「力をつける」ためのものです。これは、伸ばしたい力に直接的に働きかけ、学習内容を理解したり、スキルを習得したりするためのサポートをします。例えば、漢字が苦手な子に対して、何度も書くのではなく部分ごとに分解して覚えるなど、その子の得意な方法を用いて、漢字を書けるようにトレーニングをすることが、これに当たります。

　上の分類から、さらにそれぞれを、「物的支援」（教室内の環境や教材などの支援・指導）と、「人的支援」（教師の関わりや授業の活動などの支援・指導）に分けて、チェックリストにしたのが、次ページの表4、5です。例えば、「(1)刺激の調節」は、授業に落ち着いて参加することを目的とした、物的支援であるというように分類されます。

　各項目には、さらに下位項目があり、授業ですぐに活用できるようになっています。詳しくは、2章で解説します。

　この2つのチェックリストの項目は、これまで筆者が実践してきたもの、

意識してきたものをまとめたものです。そのため，このチェックリストが完成版ではなく，今後新たな子どもたちと出会うことで，追加・変更されていくかもしれません。また，紙面の都合上，現在先生方のニーズが多いと思われる，発達障害の子への支援方法を中心に載せたため，肢体不自由の子への支援など，すべてを網羅していません。その点はご了承ください。

表4　UDチェックリスト

	物的支援	人的支援
参加する	(1) 刺激の調節 (2) 視覚化 (3) 空間の構造化	(1) 指示の明確化 (2) 授業のユニット展開 (3) プラスサイクル (4) 脳内神経伝達物質への配慮
力をつける	(1) 板書の構造化 (2) プリント資料の構造化 (3) 教材選択・提示 (4) 思考の視覚化	(1) 簡潔・具体的な説明 (2) 確認・追質問 (3) スキルトレーニング的指導

(筆者作成)

表5　合理的配慮チェックリスト

	物的支援	人的支援
参加する	(1) 座席配置 (2) 刺激の調節 (3) 視覚化・構造化 (4) 時間・場所の確保 (5) 代替手段の提供	(1) 個別対応 (2) 肯定的フィードバック (3) 事前予告，リハーサル
力をつける	(1) タイプ別指導法 (2) 代替手段の提供	(1) スモールステップ (2) 意欲のデザイン

(筆者作成)

　また，4～5ページには「こんな子がいるクラスに有効！UDチェックリスト」，8～9ページには「こんな子に有効！合理的配慮チェックリスト」を載せています。気になる項目や，クラスの子の特徴と重なるところから読んでいただいて構いません。さらに，6～7ページには「授業で陥りやすい失敗ポイント克服リスト」も載せています。「なんだか授業がうまくいかないな……」という方は，授業改善のヒントとしてお使いください。

 基礎知識  支援・指導 ケース別

子ども理解のために知っておきたいキーワード

①アセスメント
―根拠に基づいて子どもを観察する

　子どもに支援・指導するためには，まず子どもを理解する必要があります。子どものことが「わかる」とは，どういった状態なのでしょうか。

　子どもを「わかる」というときに，「子どもの気持ちになって考える」，「家庭背景も含めて，生活すべてを受け止める」などは，とても大切な考え方です。そういった心の部分，「温かさ」の部分なくして，真に子どもを理解することはできないかもしれません。しかし，ここでいう子どものことを「わかる」とは，近所の人がその子を「わかる」ようなものではありません。どちらかといえば，医者が患者の状態を「わかる」ようなものです。つまり，科学的な根拠に基づいた「わかる」です。「わかる」ためには，「分ける」，つまり分析する視点が必要になります。それでは，具体的にどのような視点で子どもを分析すればよいのでしょうか。

　科学的な根拠に基づいて子どもを観察することを，「アセスメント」といいます。アセスメントには，様々な方法があります。ここでは，子どもの特徴や状態を3つに分けて考えていきます。

　1つ目は，「学力・認知特性」です。学力は，読み・書き・計算など，学習に関することです。認知特性とは，後で述べるように，その子の脳内での得意・不得意です。

　2つ目は，「対人」です。コミュニケーションに関することや，集団での振る舞いなどに関することです。

　3つ目は，「行動・情緒など」です。多動性（じっとしているのが苦手）や衝動性（衝動的に行動してしまう），どういったときにどのような行動をとるのか，情緒面にどのような特徴があるのかなどに関することです。

このように，子どもの特徴や状態を3つに分けて書き出し，整理します（表6）。この時点では，目に見える子どもの特徴や状態を分類しただけで，まだ不十分です。目に見える子どもの特徴や状態が，なぜ起こるのか，見えないところまで分析しなければ，適切な支援・指導はできません。

表6　アセスメントシート

学力・認知特性	対人	行動・情緒など
・文章を読むのが苦手 ・口頭で全体指示を聞いて行動するのが苦手	・空気を読むのが苦手 ・比喩や冗談を理解するのが苦手	・<u>気になったら，そのことをしなければ気がすまない。</u> ・思い通りにならないと，怒りをコントロールできない。

（筆者作成）

　次に，上で整理した1つ1つの子どもの特徴や状態が，起こる原因を分析していきます。その際に，後述する**応用行動分析**と**認知特性の分析**の2つの方法を用います。例えば，アセスメントシートの下線の特徴を取り上げた場合，次のように原因を捉え，対策を考えていきます（表7）。

表7　アセスメントシート

特徴や状態	原因	対策
気になったら，そのことをしなければ気がすまない。	【本人に関すること】 ・衝動性の強さ ・ワーキングメモリ（一時的に覚えておいて作業する能力）の弱さ 【環境に関すること】 ・本人にとって，気になる刺激がある。	【UD】 ・余計な刺激を減らす。 ・教材提示の順序，方法を工夫する。 【合理的配慮】 ・ワーキングメモリのトレーニング ・見通しをもって「待つ」トレーニング

（筆者作成）

　このように，目に見える子どもの特徴や実態を分類し，その原因を考えることで子どもをアセスメントし，適切な支援・指導につなげます。

子ども理解のために知っておきたいキーワード

②応用行動分析
－原因・行動・結果をセットで考える

　よく，友だちをたたいてトラブルになる子がいます。どうしてこの子は，友だちをたたくのでしょうか。「どうして○○なのか」と理由を考えることは，子ども理解においてとても大切です。

- あの子はそういう性格だから。
- あの子は暴力的な子だから。

　本当にそうなのでしょうか。行動だけを見ていると，本当の理由は考えられません。行動の理由を考えるときに用いるのが，「応用行動分析」です。応用行動分析では，人の行動を，①原因，②行動，③結果の3つで考えます。

図3　応用行動分析の考え方

　友だちをたたく原因は，たくさん考えられます。

A：友だちに嫌なことをされた。
B：遊んでほしくて，注意をひきたかった。
C：遊びの続きをしたかった。

その行動を引き起こした原因が，行動の前にあるはずです。その原因が，この子の「たたく」という行動を起こさせたのかもしれません。

また，行動の結果，本人にとってよいことが起こると，その行動は繰り返されます。あくまで本人にとってのよいことであって，周囲の人や社会的な常識は関係ありません。「怒鳴られる」などの強い刺激も，本人のほしい刺激になってしまいます。「怖いもの見たさ」のゾクゾク感のようなものです。

この例の場合では，次のようなことが考えられます。

> A：相手が泣いた　→　やり返すことができた　→　うれしい
> B：相手が反応した　→　相手が関わってくれた　→　うれしい
> C：相手もたたいてきた　→　遊びの続きができた　→　うれしい

このように，人の行動というのは，その前に起こる原因と，行動の後に起こる結果によって引き起こされるのです。特に，発達障害の子は，周囲の環境に大きく影響を受けます。その行動に悪気はありません。そこで，行動がなかなか変わらない子への対応としては，行動の前に起こる原因，もしくは，行動の後に起こる結果を変えることで，行動を変えていきます。

(1) 原因

行動の原因は，2つに分けられます。1つは，その行動を直接的に引き起こすきっかけとなった**誘発要因**です。誘発要因には，様々な要因が考えられます（表8）。

表8　誘発要因の種類

要因の種類	説明	具体例
①生理的要因	生理的な要因	おなかがすいた，気分が悪い
②物理的要因	特定の場所や物の要因	物がじゃまだった
③対人的要因	人との関わりに関する要因	嫌なことを言われた
④時間的要因	特定の時間に関する要因	○時になると

（竹田契一他『特別支援教育の理論と実践［第2版］Ⅱ』169－170頁をもとに筆者作成）

もう1つは，直接的に引き起こしたわけではないが，その行動が起こりやすくなった**背景要因**です。例えば，普段は友だちからちょっかいをかけられても怒らないが，今日は友だちと喧嘩した後だったので怒った，などが考えられます。

　行動の前に起こったことに原因がある場合，環境を調整する必要があります。例えば，周囲が騒がしくて課題に集中できず，イライラしてプリントを破ってしまった場面を考えましょう。その行動を引き起こした直接の原因（**誘発要因**）は，周囲の騒がしさです。この原因を取り除いてあげることで，プリントを破るという行動はなくなります。

　また，この子は周囲が騒がしいといつもプリントを破るわけではありません。前の休み時間に友だちと喧嘩していました。そのイライラが，間接的にプリントを破るという行動を引き起こさせたとも考えられます。これは，**背景要因**です。背景要因をコントロールできると，よくない行動をさらに減らすことができます。

(2) 行動

　応用行動分析では，行動の起こった原因と行動の結果に注目しますが，行動自体にも，もちろん注目しなければなりません。その行動の理由を捉えたり，対応方法を考えたりするためのヒントが見つかるはずです。

　例えば，集団行動を取らずに遊具で遊んでいる子がいます。このとき，何に注目すればよいでしょうか。1つは，視線です。この子がどこを見ているかで，行動の理由は違ってきます。

　この子が教師のほうをチラチラ見ている場合，これは**注意喚起行動**，つまりかまってほしいアピールです。このときに，教師が関わると，この子は「教師が関わってくれた」という結果を得，行動が強化され，繰り返すようになります。

　一方で，教師のほうを見ずに遊具に熱中している場合，これは**自己刺激行動**，つまり，遊具で遊ぶことによって自分のほしい刺激を得ているのです。

この場合は，先ほどと対応が異なります。刺激を求めてする行動なので，無理やりに止めるのはよくありません。この子の熱中がおさまった，外からの刺激を受けられる瞬間に言葉かけをすれば，集団行動に戻れる可能性が高くなります。

　ここでは，視線を例に挙げましたが，視線だけでなく，行動を捉えるヒントがたくさんありますので，注意深く観察することが大切です。

(3) 結果

　行動は，後に起こる結果によって，起こる頻度が変わります。よい結果が得られてその行動が増える「強化」と，よい結果が得られずその行動が減る「弱化」があります。行動が強化される結果条件の種類は，次の4つです。

表9　行動が強化される結果条件の種類

条件の種類	説明
①注意や注目の獲得	その行動によって，周りの人にかまってもらえた。
②物や活動の権利の入手	その行動によって，自分のほしい物が手に入った。自分のしたいことができた。
③自己刺激の入手	その行動によって，楽しくなった。気持ちよくなった。
④課題や活動からの逃避や回避	その行動によって，したくないことをしなくてよくなった。

（竹田契一他『特別支援教育の理論と実践［第2版］Ⅱ』170-171頁をもとに筆者作成）

　これらの結果が得られると，行動が強化され，頻度が増えます。また，よくない結果が起こると，行動がなくなる，もしくは減ります。行動の後に起こる結果をコントロールすることで，行動を改善していきます。

基礎知識　　　　支援・指導　　　　ケース別

子ども理解のために知っておきたいキーワード

③得意・不得意（凸凹）
―脳の情報処理に注目する

　人には、それぞれ得意・不得意があります。発達過程の子どもならなおさらです。「運動は得意だけど、勉強はまったくダメ」、「おしゃべりで友だちを楽しませるのは得意だけど、荷物の整理やコツコツ取り組むことが苦手」など、様々な子がいます。

　得意・不得意は、人それぞれの個性です。みんな違うからこそ愛おしく、みんないいとも言えます。しかし、この得意・不得意も、程度によってはその子にとっての「しんどさ」につながります。教育の場では、違いを認めつつも、その子をよい方向に伸ばしていかなければなりません。

　得意・不得意には、大きく分けて2つの原因があります。1つは、その子本人の生まれもった特性です。もう1つは、これまでの生活経験の中で生じたことです。ここでは、本人の特性に着目します（生活経験で生じたことを考えるには、「応用行動分析」の考え方が参考になります）。

　生まれもった特性には、長所・短所があります。この長所・短所を「凸（でこ）凹（ぼこ）」と表現したりします。本人の特性の中で凹んでいる部分が大きく、社会生活に困難が生じると、それは「障害」と呼ばれます。しかし、他の特性に目を向けると、健常、もしくはそれ以上の力をもっている場合もたくさんあります。この本人の特性、凸凹に注目し、本人の得意な部分を生かして不得意な部分を補っていく、伸ばしていくことが大切です。

　では、本人の特性、凸凹をどのように見ていけばよいのでしょうか。その手がかりとして、**脳の情報処理**に注目します。

　同じものを見ても、同じ話を聞いても、人それぞれ受け取ることや考えることは違います。どうして、同じものを見たり聞いたりしているのに、人そ

れぞれ違うのでしょうか。もちろん、様々なことが関連していて、ひと言では言い表すことはできません。ここでは、わかりやすく簡略化して説明します。

人は、図のような流れで外部からの情報を取り入れ（**入力**）、頭の中で情報を処理し、反応（**出力**）します。授業中の指示を例に考えてみましょう。

図4　情報処理過程

①教師が、クラス全体に「教科書を出します」と言ったとします。これは、聴覚情報です。すると、教師の話を聞いていたか、たまたま教師の声が耳に入ってきた子は、脳内に情報を入力します（**聴覚入力**）。耳に入ってこなかった子や、聴覚入力が苦手な子は、ここで脱落です。

②次に、入力された教師の声が脳内で処理され、「教科書を出す」という指示を理解します。聴覚情報をうまく処理できなかった子は、ここで脱落です。

③そして、この指示に対して、従うかどうかが検討され、行為が出力されます（**動作出力**）。間違った理解をした子、もしくは理解しても行為に移すことを決定しなかった子は、教科書を出すという行為を行いません。これらの過程をすべて通過してはじめて、教科書を出すという行為が行われます。

授業の中で日常的に行われる場面ですが、実はたくさんの過程を経て行わ

れています。どれか1つでも通過できないと，その行為は起こりません。逆に言うと，指示通りにできなかったり，課題をうまくこなせなかったりする子は，これらの過程のどこかに課題があるのかもしれないと考えることができます。その原因を発見するために使われるのが，「**情報処理過程**」の考え方なのです。

図5　指示に対する情報処理過程

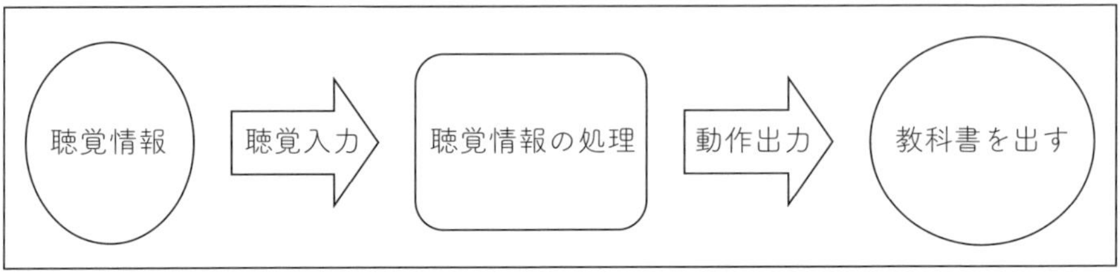

```
聴覚情報 →聴覚入力→ 聴覚情報の処理 →動作出力→ 教科書を出す
```

　先ほどの流れを図5で見てみましょう。この場合，聴覚からの入力だけなので，注意に課題のある子や，聴覚情報の入力・処理に課題のある子は，指示に合った行動ができないのです。では，どう支援すればよいでしょうか。黒板に指示を書いたり，指示カードを貼ったりして，指示を**視覚的**に示してあげればよいのです。

　脳内の「情報処理過程」や認知に関することは，現在様々な方面から研究が行われています。本書では，それらすべてを扱うのではなく，授業で扱いやすいように簡略化して紹介します。

　大切なのは，知能や学力，認知といった脳内の働きを考える際に，「IQ○○」というように1つのものではなく，「視覚入力や運動は得意だが，聴覚入力や言葉で表現することが苦手」など，複数の機能のまとまりであると捉えることです。それらの機能は，人それぞれ得意・不得意があります。さらに，その人の中でもそれぞれ得意・不得意があります。その得意・不得意を理解し，得意な部分を生かして，不得意な部分を補っていくことで，無理なくその子の力を伸ばすことができます。

本書では，主としてこの後で紹介する**「PASS 理論」**を中心に情報処理の過程を見ていきます（J.A.ナグリエリ『DN-CAS による子どもの学習支援』）。情報処理過程には，大きく分けて 4 つの枠組みがあります。

①プランニング
②注意
③同時処理
④継次処理

　多くの人は，これら 4 つがおよそ均等な力をもち，およそ均等に働きます。しかし，これら 4 つの中で，ある部分が強い一方で，ある部分が弱いという人もいます。そういった人それぞれの得意・不得意を理解し，得意な機能を生かして不得意な部分を補ったり，不得意な部分を伸ばしたりしていく支援・指導を行っていきます。これが，本書で大切にしている支援・指導の考え方です。

基礎知識　支援・指導　ケース別

子ども理解のために知っておきたいキーワード

④ PASS理論－情報処理過程の4つの枠組み

プランニング
－行動や問題解決を司る機能

　文章問題や記述式の問題が解けない。夏休みの宿題を終えられない。先生に当てられた瞬間に、頭の中が真っ白になる。同じ失敗を繰り返す。こういう子、いますよね。これらの問題には、「プランニング」が関係しているかもしれません。

　情報処理過程の1つ目は、**プランニング**です。プランニングとは、目的とする行動や問題解決をどのように行うかを、計画・調整・制御する機能です。プランニングが弱いと、自身をうまくメタ認知できず、同じ失敗を繰り返してしまったり、自分の得意な方法や自分に合ったやり方を選ぶことが難しくなったりします。

　プランニングが使われる場面は、大きく分けて3つです。

(1) 方略

　1つ目は、**方略**です。課題解決の方法を考え、実行するときに使う機能です。この機能が弱いと、課題に対して関連する情報をまとめたり活用したりする方法がわからない、長期的な計画を立てて実行することが苦手などの問題が起こります。

　例えば、レポートを作成する課題には、情報を集め、それを取捨選択して整理し、文章を作成することが必要になります。プランニングが弱いと、1つ1つの作業はできても、これらの作業を計画的に実行することが難しくなります。

(2) 選択的注意

2つ目は、**選択的注意**です。何に注意をはらうのかを考え、実行するときに使う機能です。この機能が弱いと、他の刺激に注意がそれやすい、目の前のことで頭がいっぱいになりそれ以外のことが考えられない、などの問題が起こります。

(3) メタ認知

3つ目は、**メタ認知**です。認知について認知する、自分自身を客観的にみるときに使う機能です。この機能が弱いと、メタ認知ができず、客観的な視点で自分をみることが苦手などの問題が起こります。

〈プランニングに配慮した支援〉

プランニングに課題のある子への支援のポイントは、次の3つです。

①活動を短く区切り、全体の手順を提示する。
②1つ1つの作業を具体的に提示する。
③目標となる具体物を提示する。

例えば、調べ学習などの課題は、プランニングに課題のある子にとっては取り組みにくい課題です。そこで、次のような手順で行いましょう。

①調べ学習の課題を区切り、何をするのか全体の手順を提示します。
②次に、1つずつの作業を視覚的に、具体的に知らせます。
③そして、手本などを提示してどういうことをすればよいのかを具体的に知らせます。
④実際に作業を行わせます。
⑤作業の間に、手順にチェックをつけられるシートを用います。どこまでできて、次に何をするのかが明確になり、取り組みやすくなります。

 基礎知識  支援・指導 ケース別

子ども理解のために知っておきたいキーワード

注意
―刺激に注意を向ける機能

あなたはテレビを見ながら電話できますか。騒がしい中で本を読めますか。たくさんの物がある中から、探している物を素早く見つけられますか。これらには、「注意」が関係している可能性があります。

情報処理過程の2つ目は、**注意**です。注意とは、一定時間、特定の刺激に注意を向け続け、その間他の刺激への反応を抑制する機能です。

注意には、3つの種類があります。

(1) **焦点的注意**

1つ目は、特定の刺激に注意を向けることです。この機能が弱いと、授業中の先生の話ではなく、他のことに注意を向けてしまいます。

(2) **選択的注意**

2つ目は、他の刺激への反応を抑制することです。この機能が弱いと、授業中の外からの物音や近くの子の話し声に注意が向き、先生の話に注意を向けられません。

(3) **持続的注意**

3つ目は、特定の刺激に注意を向け続けることです。この機能が弱いと、最後まで先生の話を聞くことができなかったり、課題の途中で別のことに注意が向いてしまって、課題を達成できなかったりします。

子どもが注意に課題があるかどうかを確認するために，次のような視点でチェックしてみましょう。

---

①1つのことによく集中できる。
②授業中の先生の指示を聞ける。
③絵や図，文章などの細部まで注意をはらうことができる。
④同じ作業を，長い間続けることができる。
⑤騒がしい場所でも，自分のすべきことができる。

　これらの中で，いくつかの苦手さがある子は，注意に課題のある子です。

〈注意に配慮した支援〉
　注意に課題がある子への支援のポイントは，次の2つです。
(1)　刺激量の調節（**不必要な刺激を減らす**）
　①視覚刺激…教室前面の黒板付近の掲示物をできるだけなくしましょう。
　②聴覚刺激…不必要な言葉をできるだけ削りましょう。
　　　　　　　その都度，1つだけ指示するようにしましょう。

(2)　刺激の構造化
　①名前を呼んでから内容を伝えましょう。
　②伝えたいこと，大事なことを強調しましょう。
　③情報を整理し，見通しをもたせましょう。

　注意に配慮した支援を行い，どの子もつまずかずに学校生活を送れるようにしましょう。

 基礎知識 支援・指導 ケース別

子ども理解のために知っておきたいキーワード

同時処理・継次処理
―関連付けと順序立ての機能

次の質問に対して，あなたはAかBのどちらに当てはまるかを選んでください。

①人を家に招くとき，どうやって道を伝えますか？	A：地図を描いて渡す。 B：道順を言葉で説明する。
②どんなモノマネが得意ですか？	A：動作系のモノマネ B：言葉や音楽系のモノマネ
③テレビを見ながら，会話できますか？	A：できる（得意）。 B：できない（苦手）。
④初対面の人を，どうやって覚えますか？	A：顔や雰囲気を覚える。 B：名前の響きを覚える。
⑤野菜の名前をたくさん書いてください。今，どうやって思い出しましたか？	A：野菜売り場や野菜そのものをイメージして思い出した。 B：五十音順に思い出した。

（本田真美『医師のつくった「頭のよさ」テスト』をもとに筆者作成）

Aが多かった人は，目からの情報を処理するのが得意な，**視覚優位**の人かもしれません。Bが多かった人は，耳からの情報を処理するのが得意な，**聴覚優位**の人かもしれません。正確には必ず一致するわけではありませんが，視覚優位の人は**「同時処理」**が得意な人，聴覚優位の人は**「継次処理」**が得意な人といえます。これら2つについて説明します。

情報処理過程の3つ目は，**同時処理**です。同時処理とは，個々の情報を1つにまとめたり，それぞれの情報が全体としてどのように関連付けられるか

を理解したりするときに使われる機能です。例えば，物事のパターンを理解するとき，物の位置など空間的に理解するとき，文章の全体を捉えるときなどに使われます。

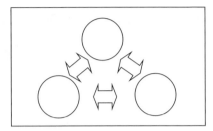
図6　同時処理のイメージ図

同時処理が弱いと，次のような問題が起きます。

・文章のつながりを捉えることが苦手。
・空間的な位置関係や地図を理解することが苦手。

情報処理過程の4つ目は，**継次処理**です。継次処理とは，順番に並べられた情報を扱うときに使われる機能です。例えば，言葉での説明を理解するとき，順序立てて作業するとき，物事の時系列を理解するときなどに使われます。

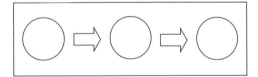
図7　継次処理のイメージ図

継次処理が弱いと，次のような問題が起きます。

・言葉での指示を理解すること。
・英単語のつづりを覚えること。

同時処理が得意な子と，継次処理が得意な子とでは，捉え方や学び方が違います。具体的な支援・指導の方法は，2，3章で詳しく述べます。

基礎知識  支援・指導 ケース別

子ども理解のために知っておきたいキーワード

⑤ワーキングメモリ
―記憶を保管する

　一度にたくさんのことを言われると，どうすればいいのかがわからなくなる。ダイエット中なのに，ついついおいしそうなケーキを食べてしまう。常に時間に追われている。このような方，いませんか。これらの問題は，ワーキングメモリの弱さが関係している可能性があります。

　「ワーキングメモリ」は，作業記憶とも呼ばれ，人が情報を一時的に記憶しながら課題を行うときに使われる機能です。仕事をするときの作業台や，料理をするときのまな板に，よくたとえられます。例えば，車での移動の場面を考えてみてください。ただ単に道順を覚えておくだけでなく，その道順に従って車を運転することが必要になります。このように，ある作業や課題を行うために，一時的に視覚的・聴覚的な情報を記憶し，それを用いて作業や課題を行うときに，ワーキングメモリは使われます（図8）。

　ワーキングメモリは，短期記憶とも長期記憶とも違います。短期記憶は，情報を一時的に覚えておく機能であるのに対して，ワーキングメモリは，情報を用いて何らかの作業をする機能です。長期記憶は，長い歳月をかけて蓄積された記憶の図書館のような機能であるのに対して，ワーキングメモリは，その図書館から情報を取り出して活用する機能です。

図8　ワーキングメモリの機能

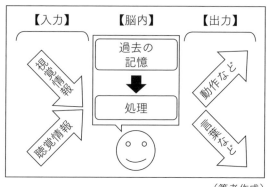

（筆者作成）

ワーキングメモリとは,以下の4つの機能のまとまりです。

表10　ワーキングメモリの機能

視空間スケッチパッド	視覚的な情報や,空間的な情報の処理に関わる機能です。入力された視覚的・空間的な情報を,長期記憶の視覚的な情報と照らし合わせて一時的に保持します。
音韻ループ	音声情報や言語的な情報の処理に関わる機能です。入力された音声・言語的情報を,長期記憶の音声・言語的な情報と照らし合わせて一時的に保持します。
エピソードバッファ	現在の作業に関連する視覚的・聴覚的な情報を,長期記憶から取り出し,それに関連した情報を一時的に保持する機能です。
中央実行系	上の3つの実行量を調整する機能です。ワーキングメモリの量は,人それぞれ限りがあるので,どの部分に注意を向けて処理するかを決定する司令塔のような機能です。

（竹田契一他『特別支援教育の理論と実践［第2版］Ⅱ』43頁をもとに筆者作成）

それぞれの機能に課題があると,例えば,次のような問題が生じます。

表11　ワーキングメモリの機能ごとの課題

視空間スケッチパッド	・手本を見ながらの作業が苦手 ・ダンスなどの模倣動作が苦手,など
音韻ループ	・指示を聞いて行動するのが苦手 ・複雑な計算が苦手,など
エピソードバッファ	・昔のことを思い出して作文を書くのが苦手 ・同じ失敗を繰り返してしまう,など
中央実行系	・今必要のないことに気を取られる ・することの優先順位がつけられない,など

（筆者作成）

ワーキングメモリに課題のある子には,情報を提示するときに配慮が必要です。例えば,次のような配慮が考えられます。

①指示は,短く限定して伝える。
②複数の内容を伝えるときはナンバリングするなど,覚えやすくする。
③情報を紙に書いたり絵にしたりして,視覚的に伝える。

このような配慮があれば,ワーキングメモリに課題のある子でも,クラスのみんなと同じように生活し,学習することができます。

基礎知識　　　　　支援・指導　　　　　ケース別

子ども理解のために知っておきたいキーワード

⑥セロトニン・ドーパミン・ノルアドレナリン
―脳内神経伝達物質の関わり

　現在では，脳科学などの研究が進み，人間の行動には脳内神経伝達物質が影響を与えていることがわかっています。例えば，スポーツをしているときに「アドレナリンが出ている」などと言いますね。これも脳内神経伝達物質の1つです。

　子どもの特性で，「多動で落ち着きがない」，「すぐにイライラする」などとよく聞きます。これらは，脳内神経伝達物質が関係して起こっていることが多いです。ですので，その物質が出やすくなるような関わりをすることで，問題行動を減らすことができます。ここでは，平山諭先生が紹介する，授業に取り入れやすい，「セロトニン」，「ドーパミン」，「ノルアドレナリン」の3つそれぞれの関わりを紹介します（平山諭『親と教師のためのADHD・ASを変える環境対話法』）。

(1) セロトニン

　様々な原因で，落ち着いて授業に参加することが難しい子がいます。例えば，不安傾向の強い子は，「**セロトニン**」という物質が不足しています。セロトニンが不足すると，すぐにイライラ，チック，貧乏ゆすり，暴言暴力など，様々な症状が現れます。潔癖症などの強迫症状も，セロトニンの不足が原因と言われています。

　不安感を取り除くには，セロトニンが必要です。セロトニンは，満足・安心するときに分泌される神経伝達物質です。セロトニンが増えると，上記のような症状が緩和され，落ち着いて参加できるようになります。

(2) ドーパミン

　授業中，立ち歩きや私語をする子，じっとしていられない子，いますよね。なぜじっとしていられないのでしょうか。それは，脳内の「ドーパミン」という神経伝達物質が不足しているからです（もちろん，違う原因の場合もあります）。

　ドーパミンは，楽しいときや運動したときに分泌される脳内神経伝達物質です。立ち歩きや私語をする子は，ドーパミンが不足しているため，それらの行為で自身の脳内にドーパミンを作り出しているのです。一種の防衛反応といえます。

　また，ドーパミン不足の子は，脳の前頭葉がうまく働きません。「我慢する」，「ルールを守る」といったことがうまくできないことが多いです。

　ドーパミン対応で，授業に楽しい活動や運動を取り入れ，子どもたち全員が苦なく参加できるようにしましょう。

(3) ノルアドレナリン

　授業中，眠そうにしている子，やる気がなさそうな子がいますね。こういった子には，適度な緊張感を与える物質が必要です。それが，「ノルアドレナリン」です。

　セロトニン対応で，安心感を与えることが大切であると書きました。しかし，セロトニン対応ばかりだと，安心しすぎて緊張感がなくなり，「勉強をがんばろう」という気持ちが起こりにくくなります。セロトニン対応による安心感は，学校生活におけるベースのような役割です。安心で居心地のよい環境をつくることができたら，次は勉強に向かう環境づくりが必要になります。適度な緊張感が，学習意欲を高めます。ノルアドレナリン対応で，全員を巻き込みましょう。

　これら3つの物質を脳内で出すための関わりの具体策は，2章で詳しく解説します。

基礎知識 支援・指導 ケース別

子ども理解のために知っておきたいキーワード

⑦視覚認知
―視力とは異なる「見る力」

　「板書をノートに写すのが苦手」,「顔を斜めにしてものを見るときがある」,「鏡文字がある」。こういったことが見られる子は,もしかすると「見る力」に課題があるかもしれません。

　「見る力」とひと言で言っても,様々な要素があります。下の図は,「見る力」に関わる要素を表したものです。例えば,学校で行う視力検査は,「見る力」の中でも,「視角」と呼ばれる,視力の一部である,止まっている対象を識別する角度を測っているのです。つまり,学校で行う視力検査では,「見る力」の一部を測っているだけなのです。

　「見る力」に関わる要素と全体像をまとめると,図9のようになります。

図9　見る力の要素と全体像

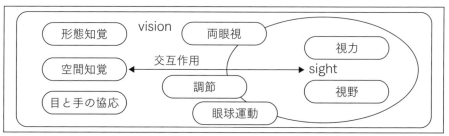

（奥村智人『教室・家庭でできる「見る力」サポート＆トレーニング』10頁より引用）

　「見る力」は,「sight」と呼ばれる,いわゆる「見る力（視力・視野・眼球運動・調節・両眼視）」だけでなく,「見る力」を使って行う「vision（形態知覚・空間知覚・目と手の協応）」の交互作用と考えられ,様々な機能のまとまりなのです。

「見る力」に課題があると，表12のようなことが現れます。

表12　視覚認知による課題

①眼球運動に課題	・板書や教科書の文字をノートに写すのが苦手。 ・マスをたどる作業が苦手。 ・球技が苦手。
②調節に課題	・近くのものを見ると，すぐに疲れる。 ・見る作業で，すぐに集中力がなくなる。
③形態知覚・空間知覚に課題	・文字の習得に時間がかかる。 ・書いた文字のバランスが悪い。 ・図形の問題が苦手。

（奥村智人『教室・家庭でできる「見る力」サポート＆トレーニング』をもとに筆者作成）

視覚認知に課題のある子は，適切な支援がないと学習にしんどさや苦手さを感じてしまいがちです。学習しやすくなるような配慮が必要になります。ここでは，視覚認知への配慮の一部をチェックポイント形式で示します（表13）。

表13　視覚認知への配慮チェックポイント

1．教科書・教材	2．文房具
・文字の大きさ，フォント ・スペース，配置 ・配色，コントラスト（明暗） ・分かち書き，補助線，スラッシュ ・ふりがな ・図や表の大きさ，配置 ・視線移動ガイドの使用	（ノート） ・枠の大きさ，線の色の濃さ ・補助線，行と列の数 （定規・はさみ・コンパス） ・形状，目盛りの見やすさ （鉛筆） ・滑り止めの使用
3．板書	4．その他
・文字の大きさ ・チョークの色 ・スペース，配置 ・書く速度 ・補助プリントの活用	・座席配置 ・机や椅子の高さ ・机や椅子に関連した補助具の使用 ・照明状態

（奥村智人『教室・家庭でできる「見る力」サポート＆トレーニング』をもとに筆者作成）

子どものつまずきに対応！
通常の学級でできる支援・指導

2章

ユニバーサルデザインの観点から

① 刺激の調節

こんな子がいるクラスに有効

・落ち着きのない子
・集中が続かない子
・我慢が苦手な子

　「刺激の調節」とは，教室内の掲示物や音などの刺激を減らすなど調節を行い，学習に向かいやすくすることです。大きく分けて，目から入ってくる刺激である**視覚刺激**と，耳から入ってくる刺激である**聴覚刺激**の2つがあります。それぞれのポイントを紹介します。

写真1

(1) 視覚刺激の調節
①前面の掲示物の排除
　教室の前面である黒板付近に掲示物があると，子どもにとって刺激となり，注意がそれやすくなります。前面にはできるだけ掲示物を貼らないようにしましょう（写真1）。どうしても掲示しないといけないものは，教室の後方に掲示するか，もしくはカーテンなどで授業中は隠せるようにしましょう。

写真2

②棚やロッカーにカーテンをつける
　棚やロッカーの中身が見えると，気になるものです。そこで，中身が見えないように，カーテンをつけましょう（写真2）。カーテンの色は，淡い色にすると刺激が少なくなります。

③教師の服装，名札

　教室にあるものだけでなく，教師自身も気をつけることがあります。それは，服装です。柄物や色が派手なものは，注意が移りやすく学習の妨げになりかねません。無地の淡い色の服装を心がけましょう。

　注意が移りやすい柄物は次のようなものです。

注意が移りやすい柄物	子どもの反応
①チェックドット，水玉などの模様柄	幾何学模様は，自閉症スペクトラムの子が注目します。
②人や動物などの絵	顔や目などに注意が向きます。

　また，首から下げる名札も気をつけないといけません。子どもの目線の高さにくることが多く，近くでブラブラされると集中できなくなります。

④時計の配置

　原則，時計は教室の後方に配置し，子どもに見えないようにします。時間が気になって，集中の妨げとなるからです。しかし，時間を確認できないと落ち着かない子がいる場合，逆に言うと時間の確認をすることで安定する子がいる場合は，時計を前方に掲示し，いつでも見られるようにしましょう。

(2) 聴覚刺激の調節

①机・椅子の音の軽減

　机や椅子の音は，気になる子にとっては意外に大きいものです。その音で注意がそれてしまったり，音がうるさくてしんどくなったりする子もいます。全教室で行うのは難しいかもしれませんが，机や椅子の脚にテニスボールをつけると，音が軽減されます。

②教師の靴

　教師の靴の音も気になるものです。特にスリッパの音は，集中の妨げになります。できるだけ音のしない運動靴にしましょう。

③水槽などの音

　小学校の教室でよく見かける水槽。水槽の音は，気になる子にとっては，しんどい音になります。

ユニバーサルデザインの観点から

②視覚化

> こんな子がいるクラスに有効
> - 見通しをもつのが苦手な子
> - 状況理解が苦手な子
> - 聴覚情報より視覚情報のほうが理解しやすい子

「視覚化」とは，時間やルールなど，目に見えにくいもの，理解しづらいものを視覚的に見えるように表すことです。5つのポイントを紹介します。

(1) 時間の視覚化

時間は目に見えないので，意識しづらいものです。写真3は，「タイムタイマー」といいます。残り時間に合わせて赤い部分が減っていくので，あとどれだけ時間があるのかが一目瞭然です。黒板に貼れるものや，パソコンの画面で提示できるものもあります。

写真3

(2) ルールの視覚化

暗黙のルールを理解しづらかったり，夢中になるとルールを忘れてしまったりする子がいます。そこで，ルールを予め確認し，箇条書きで提示しましょう。いつでも見えるところに提示していれば，ルールを守って活動に取り組みやすくなります。

(3) 活動内容の視覚化

多くの手順を踏んで課題を完成させる活動や討論のように，何をしているのか，どうすればよいかが見えにくい活動では，見通しをもって取り組むのが難しい子がいます。そこで，活動内容や活動のゴールを視覚的に示し，見通しをもちやすくするのが有効です。

資料3　活動の流れの視覚化

(4) 活動の流れの視覚化

見通しをもつのが苦手な子にとって，1時間の授業は，「いつ終わるのかわからない」，「永遠に続くかもしれない」という不安との戦いです。そこで，活動の流れを視覚的に提示しましょう。「まず○○をやって，次に△△をやって，それが終わると□□。この3つをやったらこの時間は終わる」と，子どもが見通しをもつことができれば，安心して授業を受けることができます（資料3）。

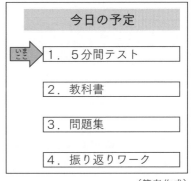
（筆者作成）

資料4　作業手順の視覚化

(5) 作業手順の視覚化

多くの手順を踏まなければならない課題は，見通しをもちにくく，終了のイメージをもちにくいため，取り組みづらくなります。そこで，作業手順を細かく区切り，視覚的に提示しましょう。資料4は，服をたたむ手順を視覚的に示したものです。絵や写真にそって真似をしていくと，きれいにたたむことができるようになっており，やるべきことが明確で取り組みやすくなります。

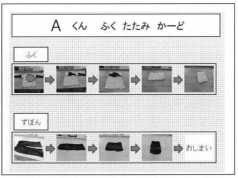
（筆者作成）

基礎知識　　支援・指導　　ケース別

ユニバーサルデザインの観点から

③空間の構造化

こんな子がいる
クラスに有効

- 集中が続かない子
- 片づけが苦手な子
- 見通しをもつのが苦手な子

「空間の構造化」とは，空間を区切ったり，場所を明確に示したりすることで，空間の使い方やルールをわかりやすくすることです。3つのポイントを紹介します。

(1) 置き場所の視覚化

物を，どこに・どのように片づけたらいいのかがわかりにくい子がいます。わからないので，とりあえず置いておきます。それが続くと，物があふれ，散らかった状態になっていきます。

写真4

そこで，物の置き場所を具体的に決めて，視覚的にわかりやすく提示します。写真4は，提出物を出す場所を示しています。これなら，提出するところが誰の目にも明らかです。わざわざ別の場所には置きません。

写真5

また，写真5は，ロッカーの中の置き場所を示しています。何を・どこに置くのかを決めて提示してあげると，片づけやすくなり，整理する意欲もわきます。

(2) 空間を区切る

写真6

ただスペースがあっても，何を・どのようにすればよいのかがわかりにくい子がいます。そこで，空間を区切って，その場所は何をするところなのかを具体的に提示します。例えば，写真6はクールダウンの場所を区切ってわかりやすく提示しています。場所を区切り，「イライラしたらここで休憩」と，その場所ですることを明確に示してあげると，スムーズに動くことができます。

(3) 活動に合わせた座席配置，場所の対応

状況理解が苦手な子や，場の空気や暗黙のルールを捉えることが苦手な子は，授業内の活動で，何をするのかを理解しづらい場合があります。例えば，先生の話を聞く場面と班活動の区別がつかず，先生が話しているのに友だちに話しかけてしまうことがあります。

今，何をする場面なのかをわかりやすくするために，授業内の活動と座席の形態を対応させましょう。例えば，先生が説明するときは前向きの座席形態，討論などの学級全体での話し合いのときは「コの字」型の座席形態，班活動のときは班の座席形態，などが考えられます。

一斉指導	話し合い活動	班活動
前向き	コの字	班隊形

また，実験をするときは，教室でできるものであっても理科室で行う，図工（美術）は必ず図工室（美術室）で行うなど，活動と場所を対応させることも考えられます。「この場所でする活動は○○だな」と見通しをもてれば，子どもは安定します。もちろん，常にそのようにできるとは限りません。変更する場合は，そのことを事前に伝え，見通しをもたせてあげましょう。

ユニバーサルデザインの観点から

①指示の明確化

こんな子がいるクラスに有効

・全体指示で動くのが難しい子
・聴覚情報より視覚情報のほうが理解しやすい子
・曖昧な言葉や抽象的な言葉を理解しづらい子

「指示の明確化」とは，教師が誰にとってもわかりやすい，取り組みやすい指示をすることです。ポイントを6つ紹介します。

(1) 一度に1つの指示

「教科書の○ページを開けて，○番の問題をノートに解きなさい」。これには，3つの指示が含まれています。「教科書の○ページを開ける」，「○番の問題を解く」，「ノートに解く」の3つに分解できます。ワーキングメモリに課題のある子は，一度にたくさんの指示を覚えて行動することが苦手です。そのため，何度も聞き直したり，あきらめてやらなくなったりするのです。情報を1つに絞り，1つずつ限定して伝えるようにしましょう。

(2) 指示のシンボル化

「いい姿勢をしましょう。いい姿勢は，背筋をしっかりのばして，足をちゃんとそろえて，椅子をしっかり引くんですよ」。教師は指示をしたつもりですが，言葉で説明すると長くて曖昧で，うまく伝わりません。そこで，指示をキーワードなどのシンボルにして短く伝えましょう。先ほどの内容なら，「ピン・ピタ・グー」，これだけです。前もって，「背筋をピン」，「両足を地面にピタ」，「机とおへその間はグーの距離」と，1つずつ練習しましょう。

擬音語のキーワードとその姿勢とが一致すれば,「ピン・ピタ・グー」が合言葉になります。

資料5　掲示カード

| 書けたら　もってくる |
| となり同士で　相談 |
| 話を　聞く |
| ノートに　まとめる |

(筆者作成)

(3) **見える・残る指示**

聴覚情報,つまり耳からの情報を理解するのが苦手な子がいます。よく使う指示や重要な指示は,目で見てわかるように掲示カードを使って視覚的に提示しましょう。そうすれば,指示を聞き逃した子も,困らずに学習に向かうことができます。

(4) **数量の提示**

「あとちょっと」,「しっかり」,「ゆっくり」など,具体的でない曖昧な言葉をつい使ってしまいます。しかし,曖昧な言葉や抽象的な言葉の理解が苦手な子にとっては,どうすればいいのかわからない指示です。特に,自閉症スペクトラムの子は,その傾向が強いです。曖昧な言葉を数や量に置き換えて,具体的な指示にしましょう。例えば,「あと5分」,「3つ書きなさい」のように伝えると,わかりやすくなります。

(5) **比喩を避ける**

自閉症スペクトラムの子は,比喩の理解が苦手です。言葉をそのまま捉えてしまったり,間違って捉えてしまったりしてしまいます。そして,一度思い込むと,修正もしづらいのです。比喩はできるだけ避けるか,比喩を使う場合は,その説明を追加するようにして,捉えにくい子に配慮しましょう。

(6) **確認・評価**

指示は,教師が伝えて終わりではありません。指示が正しく伝わったか,指示通りに活動できているかを確認し,できている(できていない)ことを伝えてやらねばなりません。課題をやり終えるまで,指示→確認→評価のサイクルを繰り返しましょう。確認・評価をするときに,全体に向けて伝えても,一番聞いてほしい子は,自分が言われているとは思っていません。できるだけ一人ひとりに個別に確認し,評価してあげましょう。一度の指示ごとに確認・評価を常に行うことができれば,できない子はいなくなります。

ユニバーサルデザインの観点から

②授業のユニット展開

こんな子がいる
クラスに有効

・集中が続かない子
・LD（学習障害）傾向の子

「授業のユニット展開」とは，1時間の授業を小さなまとまりに分けて展開することです。45分間（50分間）同じ活動をするのではなく，区切っていくつかの活動を行うことで，活動の新鮮さやテンポが維持され，集中が続くようになります。

授業のユニット展開のポイントは2つです。

(1) 授業をいくつかの活動に分ける

45分間，同じ活動を集中してやり抜くのは，大人でも至難の業です。子どもなら，なおさらです。そこで，1時間の授業をいくつかの活動に分けて展開しましょう。例えば，国語科であれば，①漢字，②教科書読み，③本文読解，④議論，⑤振り返り，という展開が考えられます。社会科であれば，①地名探し，②重要語句一問一答（意味調べ），③教科書学習，④議論，⑤ノートまとめ，という展開が考えられます。

「活動を区切ると，深く学べないのではないか？」，「学習したことが定着しないのではないか？」と考えるかもしれません。しかし，そんなことはありません。1時間の授業だけで考えるのではなく，1週間の帯で授業を考えてみましょう。1時間の授業では10分間程度の活動ですが，1週間では40〜50分間と，約1コマ分の時間が確保されます。

授業のユニット展開例

	月	火	水	木	金	合計
①	漢字（5分）	漢字（5分）	漢字（5分）	漢字（5分）	漢字（5分）	漢字（25分）
②	教科書読み（10分）	教科書読み（10分）	教科書読み（10分）	教科書読み（10分）	教科書読み（10分）	教科書読み（50分）
③	意味調べ（10分）	文法（10分）	本文読解（10分）	文法（10分）	本文読解（10分）	本文読解（65分）
④	本文読解（15分）	本文読解（15分）	議論（15分）	本文読解（15分）	議論（15分）	議論（30分）
⑤	振り返り（5分）	振り返り（5分）	振り返り（5分）	振り返り（5分）	振り返り（5分）	振り返り（25分）

（筆者作成）

(2) 活動の組み合わせの工夫

様々な活動の組み合わせが可能ですが，次の点に注意すると，より効果的です。

①「静」と「動」の活動の組み合わせ

静かに集中して取り組む活動と，盛り上がったり，動きを入れたりする活動をうまく組み合わせましょう。例えば，授業の最初と最後は「静」の活動にして，集中しやすい状況をつくります。逆に，中盤の集中の切れやすい時間帯に「動」の活動を取り入れ，気分転換させると，楽しく学習でき集中力も持続します。

②子どもの得意・不得意への配慮

子どもの中には，字を読むのが苦手な子，話を聞くのが苦手な子，グループで話をするのが苦手な子など，様々な子がいます。授業のユニット展開を行えば，たとえ教科書の本文を読むのが苦手な子でも，次の議論の活動で活躍できるかもしれません。授業のユニット展開は，1時間の中で子ども一人ひとりが最低1回は輝ける活動を保障する授業展開でもあるのです。

 基礎知識　 支援・指導　 ケース別

ユニバーサルデザインの観点から

③プラスサイクル

こんな子がいるクラスに有効
- 不器用で失敗しやすい子
- 勉強しようとしない子
- 曖昧な言葉や抽象的な言葉を理解しづらい子

「プラスサイクル」とは，子どもが成功体験を得られるように，先に教師が正しい行動を具体的に教え，子どもができたことをほめることで，正しい行動を増やしていく一連の流れです。

子どもは，日常生活でたくさんの失敗をして，試行錯誤しながら成長していきます。しかし，失敗が続くとやる気をなくしたり，不適切な行動が増えたりしてしまいます。一度間違った行動が起こると，その後に正しい行動を教えても，効果は低くなります。子どもが成功できるようにしかけ，教師や周囲にほめられることで正しい行動を増やしていく（強化する）サイクルをつくることが大切です。次の手順で，よいサイクルをつくりましょう。

①やり方を教える（教示）

まずは，教師が正しい行動を教えます。何をするのか（内容），どのようにするのか（方法）を具体的に伝えます。言葉で説明するときには，**「指示の明確化」**でも述べたように簡潔に具体的に伝えることが大切です。言葉だけでなく，絵や図で示すとよりわかりやすくなります。

②やってみせる（モデリング）

やり方を説明するだけでは，すべての子どもができるようにはなりません。

実際にどのようにやるのか，手本を見せる必要があります。これを**モデリング**といいます。実際にどうやるかを見ることで，取り組みやすくなります。手本は教師が行うことが一般的ですが，ときには子どもにさせてみてもいいでしょう。

③やってみる（行動）

　やり方を教え，手本を見せたら，次は子どもが実際にやってみる番です。このときに，失敗しないように十分配慮することが必要です。いきなり応用を求めるのではなく，1つずつ確実に手順通りに行えば必ずうまくいくように配慮します。

④ほめる（評価）

　正しい行動ができたときには具体的にほめましょう。子ども本人と周囲の子どもが，どうしてほめられたのかがわかるように伝えることが大切です。どうすればほめられるかがわかれば，クラス中の子どもがその行動をどんどん行うようになります。

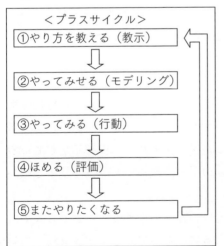
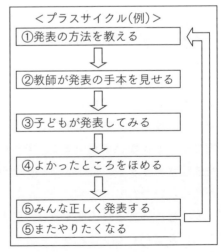

ユニバーサルデザインの観点から

④脳内神経伝達物質への配慮

こんな子がいる
クラスに有効

・落ち着きのない子
・不安が強い子
・勉強しようとしない子

　「脳内神経伝達物質」とは，セロトニン・ドーパミン・ノルアドレナリンなどのように，人間の行動に影響を与える，脳内で分泌される物質です。平山諭先生の理論をもとに，それぞれの脳内神経伝達物質を分泌させる対応をご紹介します（平山諭『親と教師のためのADHD・ASを変える環境対話法』『ADHD・ASのための環境対話キャンプ－脳科学を活用した21のスキル』）。

1．セロトニン

　セロトニンは，満足したときや安心したときに分泌される脳内神経伝達物質です。授業中に貧乏ゆすりをする子やすぐにイライラする子の中には，不安で落ち着かない子がいます。そういった子は，セロトニンが不足している可能性があります。自閉症スペクトラムの子は，セロトニンが不足する傾向があるといわれています。

　安心感を与える対応をすれば，落ち着いて授業に向かうことができます。また，教室がその子にとって，安心できる場になっていきます。セロトニン対応のポイントは5つです。

〈セロトニンを出す対応〉
①見つめる
　目が合い，そして見つめられると，人は自分が認められていると感じ，安心します。そして，その人との心の距離が縮まります。授業の中で，2秒間視線を止めて見つめ，安心感を与えましょう。
②ほほえむ
　笑顔を見たり，ほほえまれたりすると，人は安心します。逆にムスッとしているのを見ると，緊張したり，近寄りたくないと思います。どんな心境でも，笑顔で子どもと接することは，教師に必要な技術です。魅力的な笑顔は，練習すればできるようになります。笑顔で安心感を与えましょう。ただし，片方の口角だけを動かすニヤリ笑顔は禁物です。バカにされているような印象を与えてしまいます。
③話しかける
　話しかけられると，心の距離が縮まり，安心します。大人数の中でも，1対1で関わってもらえているという満足感も得られます。個別に話しかけ，安心感を与えましょう。
④触れる
　タッチしたり，手を握ったり，ギュッと抱きしめられると，人は安心し，心の距離が縮まります。授業の中では，ハイタッチや握手，肩や頭をポンと軽くたたくことで，安心感を与えることができます。
　当然のことですが，性別や学年によって配慮が必要です。高学年や中学生には，ハイタッチや拳を合わせる方法が効果的で，カッコいいので，みんな喜んで行います。
⑤ほめる
　ほめられると安心し，満足感も得られます。そして，またほめてもらおうとやる気を出します。「うまくほめられない」，「ほめるところがない」という方が多いです。しかし，ほめることは，いろいろなところに転がっています。「できた」という結果だけをほめようとすると，教師も子どもも大変で

す。結果ではなく，やろうとしたこと，グッと我慢したこと，昨日とほんの
ちょっとでも変わったことをほめるのです。どうしてもなければ，はじめは
服装や持ち物でも構いません。慣れてくれば，その子のほめてもらいたいと
ころをねらい，そこをピンポイントでほめると，さらに効果的です。

2．ドーパミン

　ドーパミンは，楽しいときや運動したときに分泌される脳内神経伝達物質
です。座ってじっとしていられずに立ち歩いてしまう子，思ったことをすぐ
に口に出してしまう子がいます。そういった子は，ドーパミンが不足してい
る可能性があります。ドーパミンが不足している子は，動いたり，話したり，
楽しいことをしたりすることで，脳内にドーパミンをつくり出しているので
す。ですので，立ち歩きを叱っても，根本的な解決にはなりません。5つの
ドーパミン対応で，無理なく学習できる環境をつくりましょう。

〈ドーパミンを出す対応〉
①リズム
　リズムは，話し方や見せ方に強弱をつけることです。強弱をつけることで，
「図地弁別」をしやすくします。「図」は教師が聞かせたい・見せたいもの，
「地」はそれ以外の周辺のものです。例えば，強調させたい言葉を強く言っ
たり，繰り返したり，見せたいものを見やすくしたりして，図と地の差をつ
けると，子どもは集中しやすくなります。
②テンポ
　テンポは，話す速さです。ずっと同じ速さで話していると，子どもは聞き
流したり，退屈したりしてしまいます。そこで，テンポを変化させて，図と
地の差をつけるのです。また，ほめるときは，テンポを速くすると，ドーパ
ミンが出やすくなります。
③刺激
　授業中は，机の上の物や，黒板の文字，掲示物，教師の声，友だちの声な

ど，たくさんの刺激があります。これらの刺激を上手にコントロールする必要があります。まずは，余計な刺激を少なくして，子どもの混乱を防ぎましょう。また，大事なことは強調して，刺激を強くしてあげましょう。そして，子どもが退屈そうにしていたら，楽しい刺激を与えてあげましょう。

④変化

　変化は，話すトーンや活動を変化させることです。どんなに楽しいことでも，慣れてくると，人は退屈します。これは，ドーパミンが分泌されなくなるからです。変化があると，ドーパミンが分泌されやすくなります。同じ内容を教えるときでも，少し変化をつけたり，「授業をユニット展開」にしたりして，変化をつけてドーパミンを分泌させましょう。

　また，ドーパミンは，体を動かすときに分泌されます。そこで，授業の中で体を動かす活動を意図的に取り入れましょう。例えば，ノートに答えを書いてもってこさせる，話し合いをするために席の移動を自由にするなど，合法的に立ち歩ける場面を設定します。立ち歩きを入れなくても，挙手や空書きなどの活動を定期的に取り入れるだけでも，ドーパミンが分泌され，授業に集中しやすくなります。

⑤確認

　子どもが正しくできているかを確認することは大切です。指示通りできているか，正しい行動ができているかを常にチェックし，子どもにフィードバックすることは欠かせません。この確認作業に運動を取り入れると，ドーパミンが出ます。書かせる・挙手させる・起立させる・動かすなどの活動で，子どもの理解度をチェックすると，子どもにドーパミンが出て，教師もチェックがしやすいのでおすすめです。

　また，得点をつけるという確認方法もあります。自分の行ったことの評価が具体的な数字で表れるので，高得点が出ると，子どもは飛び上がって喜びます。例えば，発言した内容や活動内容に対して，「90点！」や「95点！」と点数をつけていくと，子どもは夢中になります。すべてを点数で表すことは危険ですが，ここぞというときに使えば，子どもは熱中するようになります。

3．ノルアドレナリン

　ノルアドレナリンは，緊張するときに分泌される脳内神経伝達物質です。セロトニン対応で安心感を与えすぎると，緊張感がなくなり，安心だけれど勉強へのやる気が下がってしまいます。5つのノルアドレナリン対応で，適度な緊張感を与え，学習意欲を高めましょう。ただし，ノルアドレナリンは分泌されすぎると脳に負担になりますので，適度な緊張感を与え，その後はセロトニン対応・ドーパミン対応を行いましょう。

〈ノルアドレナリンを出す対応〉
①時間を区切る
　「あと10秒！」や「10，9，8，……」とカウントするなど，時間を制限すると，子どもは慌てて取り組みます。時間を区切ることで，緊張感が生まれるのです。そして，緊張感を与えた後に，できたことをほめてドーパミン・セロトニン対応を行います。こういった緊張と弛緩をうまく組み合わせることで，子どもは授業に熱中するようになります。

②指名・指示をする
　急に指名されると，その子はもちろん，他の子も「次は自分が当たるかもしれない」と緊張するものです。いつ当たるかわからない状況をつくり，緊張感を与えましょう。また，誰ができて誰ができていないのかを，教師がひと目で確認できる指示を出しましょう。「考えよう！」などという発問だけでは，誰ができて誰ができていないかを確認できません。すると，やらない子が出てきます。こうなると，緊張感が生まれません。具体的な指示で，達成状況を教師が把握し，緊張感を与えましょう。

③目線
　ここでいう「目線」は，セロトニン対応での「見つめる」とは違います。セロトニン対応での「見つめる」は，優しい眼差しで安心感を与えますが，ノルアドレナリン対応の「目線」は，子どもに緊張感を与えるものです。いわゆる「目力」です。にらみつける必要はありませんが，子どもをじっと見

つめてみましょう。子どもは,「先生に見られている」,「しっかりやらなくては……」と緊張感をもって取り組むようになります。

④すぐに反応しない

　教師がすぐに反応しないとき，子どもは緊張します。「あれ，いけないことを言ったかな……」,「先生が黙っている。何かおかしいぞ……」と,子どものほうが勝手に考えてくれるからです。待たせる時間を意図的につくり，緊張感を与えましょう。

⑤机間指導

　ここでいう「机間指導」は，セロトニン対応での「触れる」や「話しかける」目的が違います。子どもへの反応としていくのではなく，全員に対して,「見ているよ」と暗黙のメッセージを伝えるためのものです。教師がずっと教壇の近くにいては，緊張感は生まれません。机間指導を取り入れるだけでも，緊張感は高まります。

ユニバーサルデザインの観点から

①板書の構造化

こんな子がいる
クラスに有効

・不器用で失敗しやすい子
・学習内容の理解が苦手な子
・見え方に特徴（苦手さ）のある子

　「板書の構造化」とは，情報の捉え方に特徴があったり，得意・不得意があったりする子どもにも学習内容を理解しやすいように，板書をデザインすることです。板書の構造化は，大きくハード面（書き方）とソフト面（質）に分けられます。それぞれのポイントを紹介します。

(1) ハード面（書き方）

①板書量

　教師は，話しすぎる，書きすぎる傾向にあります。板書でも，「あれも，これも知っておいてほしい」と，ついつい書きすぎてしまいます。しかし，子どもの立場に立って考えると，よかれと思ってしていることも害になりかねません。

　板書を写すためには，視線をタテに大きく動かし，注目すべき対象を見つけ，それを頭の中で覚えておいて，ノートに書く，という一連の行為が必要です。視線の移動が苦手な子や，**ワーキングメモリ**（一時的に覚えておいて作業する能力）に課題のある子にとって，板書を写すことは大変な作業なのです。板書の量は，少ないに越したことはありません。

②カラーユニバーサルデザイン

　板書やスライド提示するときの色も重要です。黒板に赤色のチョークで書くと，見えづらい子がいます。また，黄色と白色の区別がつきにくい子がいます。色相環でいうところの，隣にある色や，反対側にある色は，認識しづらい子が多い傾向にあります。また，パワーポイントなどをスライド提示するときも，写真や画像の上に文字を重ねると見えづらい子がいます。

　色に配慮して，誰もが見やすいデザインにすることを，「カラーユニバーサルデザイン」といいます。少し気をつけるだけで，見やすさは大きく変わります。

③方向の明確化

　板書の際に，タテ書きと横書きが混ざっているのは，見づらいものです。黒板の中で，どのように流れが構成されているのかがわからないからです。また，掲示物などによって，行や列がずれると，空間認知が苦手な子は，どこから書き出せばいいのか，どこからどこにつながっているのかが理解できなくなります。順序や流れがわかるような板書を心がけましょう。

④読みにくさのある子への配慮

　ディスレクシア（読字障害）など，読みにくさのある子は多いです。タテの間隔が狭いと重なって見えたり，長い文が続くと，文節にわけて捉えるのが難しかったりします。そこで，行間を広くしたり，文節ごとに少しスペースを入れたりして，読みにくさのある子でも見やすい工夫をしましょう。

(2) ソフト面（質）

①重要度の明確化

　たくさんの言葉が並んでいたり，たくさんの情報があったりすると，どれが一番重要で，それが他とどのように関係しているのか，構造を理解するのが難しい子がいます。そこで，どこが重要かを誰が見てもわかるように，重要なところには☆印をつけるなど，視覚的にわかりやすく示しましょう。そうすることで，子ども自身が重要度を順位付けして捉えることができるようになります。

②授業の型に合わせた板書

　授業には，説明型，討論型，問題解決型など，ある程度決まった型があります。同様に，授業の型に合った板書の型もあります。例えば，説明型の授業では，説明の順序やそれぞれの関係性がつかみやすいように，黒板の上から下へ，左から右へ板書されるはずです（国語を除いて）。

　しかし，他の授業の型の場合，この板書の方法が必ずしもわかりやすいとは限りません。討論型の授業の場合は，中央に討論のテーマを提示し，その左右の上側に立場，その下にそれぞれの意見，一番下にその根拠が書かれると，見やすくなります。このように，授業の型に合わせて板書を構成することで，誰もが理解しやすい板書になります。

板書例1　説明型板書

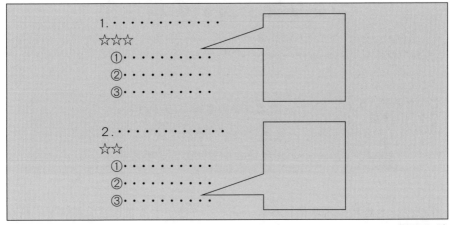

（筆者作成）

板書例2　討論型板書

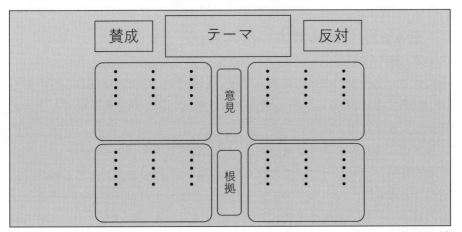

（筆者作成）

ユニバーサルデザインの観点から

②プリント資料の構造化

こんな子がいるクラスに有効

・LD（学習障害）傾向の子
・学習内容の理解が苦手な子
・見通しをもつのが苦手な子

　「プリント資料の構造化」とは，子どもに提示するプリント資料を，見やすく，わかりやすく，取り組みやすくなるように構造化することです。
　授業で用いるプリントは，読み資料（読むためのプリント）と，ワークシート（書くためのプリント）に分かれます。それぞれの工夫するポイントを紹介します。

(1) 読み資料（穴埋め用プリントも含む）

1．図と地の明確化

　ここでいう「図」とは，注目してほしい部分，「地」とは注目しなくてもよい部分です。「見ること」に課題のある子は，図と地を見分けること（図地弁別）が苦手です。
　例えば，資料６のような構成だと，どこに注目すればよいのか，どの部分とどの部分がつながっているのかがわかりにくくなります。それに対して，資料７の構成は，次の３つの工夫をしています。これだけのことで，図に注目しやすくなり，内容を理解しやすくなります。また，プリントと板書の構成が同じほうがいいのは言うまでもありません。

①図を線で囲む。
②資料や見出しに番号をつける。
③まとまりごとにスペースを空ける。

資料6　プリント資料（悪い例）

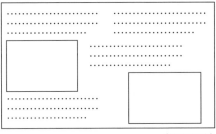

（筆者作成）

資料7　プリント資料（よい例）

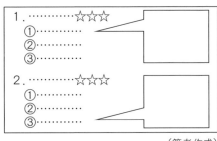

（筆者作成）

2．重要度の明確化

　物事を論理的に捉えたり，構造的に理解したりすることが苦手な子は，どの情報が一番重要なのか，どれとどれが関係しているのかを理解することが苦手です。そこで，資料7のような構成に変えてみましょう。重要な部分を下線，太字で示したり，☆の数で表したりして，わかりやすくしています。また，どの内容の下位項目なのかなど，関係がわかるように構成しています。

3．読みにくさのある子への配慮

　「板書の構造化」でも述べたように，読みにくさのある子にも見やすいように，行の間隔を広げたり，文節ごとに区切ったりしましょう。

(2) ワークシート（書くためのプリント）

1．作業内容の明確化

　プリントを見ても，子どもが何をすればいいのかがわからないものがあります。もちろん，先生が口頭で指示しているでしょう。しかし，1つのことに集中しやすい子は，プリントが配られたら，そこに意識が集中し，先生の指示は聞こえません。プリントを見ればわかるものでなければ，つまずいてしまいます。

　例えば，「室町文化について班で交流しよう」では，何をすればよいのかがわかりません。一方，「○ページの絵にある室町文化の中で，今に残っているものを探し，できるだけたくさん箇条書きにしなさい」では，何をすればよいのかが明確です。また，子どもが取り組めているかどうか，教師も確認しやすくなります。

2．目的別スモールステップ構成

　本時のねらいに合わせて授業を構成するように，ワークシートもねらいに合わせて構成すべきです。最終課題を全員がクリアできるように，スモールステップ（小さな段階に分けること）で導いてあげましょう。また，目的ごとにワークシートの型を決めておくことで，子どもたちもゴールをイメージしやすくなり，取り組みやすくなります。

①内容理解型

　内容を理解することが目的であれば，最後には「学んだことをまとめる」という構成になります。例えば，室町文化の特徴を捉えさせる課題の場合，最終課題は「室町文化の特徴を説明しなさい」となります。この課題ができるようになるために，次のようにステップが必要です（資料8）。

- 室町時代の文化をいくつか挙げる。
- それをいくつかのグループに分類する。
- 他の時代の特徴との違いを比較する。

- 室町時代の特徴を説明する。

②意見発表型

　自分の意見を発表することが目的であれば，最後には「自分の考えを書く」という構成になります。例えば，２つの立場から１つを選び，その理由を考える場合，最終課題は「江戸幕府の開国に賛成か，反対か，自分の立場を決め，理由を書きなさい」となります。

　この課題ができるためには，次のようなステップが必要です（資料９）。

- 課題を提示する。
- ２つの立場の考えられる意見を穴埋め式で書き込む。
- ２つの立場のどちらかを○で囲む。
- 理由を「なぜなら，○○だからです」の定型文に合わせて記述する。

　このように，最終の課題を達成できるように，子どものつまずきそうなところを先読みして，スモールステップでプリントを構成することで，内容を理解しやすくなり，また，考えたことを発表しやすくなります。

資料８　内容理解型プリント

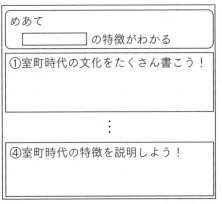

（筆者作成）

資料９　意見発表型プリント

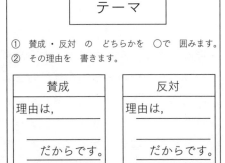

（筆者作成）

ユニバーサルデザインの観点から

③教材選択・提示

> こんな子がいる
> クラスに有効
>
> ・集中が続かない子
> ・聴覚情報より視覚情報のほうが理解しやすい子
> ・見え方に特徴（苦手さ）のある子

「教材選択・提示」とは，子どもの見え方や注意などの特性に配慮しながら，子どもたちが興味をもち，学習に向かえるように教材提示の方法を工夫することです。ポイントを３つ紹介します。

(1) 内容の視覚提示

目で見て情報を捉えることが得意な子もいれば，耳で聞いて捉えることが得意な子もいます。目で見て捉えるタイプの子は，説明を聞いたり，文章を読んだりするだけでは，なかなか内容を理解できません。そこで，内容理解を助けるための視覚情報を提示しましょう。

資料10　内容の視覚提示

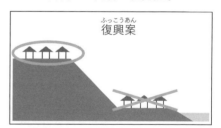

（筆者作成）

例えば，ストーリーを理解しやすいように絵や図で示したり，写真や動画を見せたりするといった方法があります。言葉での説明と，視覚情報があれば，目で見て捉えるタイプの子も，耳で聞いて捉えるタイプの子も，内容を理解しやすくなります。

(2) 目的を示してからの提示

　人の見方や見え方は，様々です。特に，発達障害の子は，その傾向が高いです。例えば，自閉症スペクトラムの子は，全体よりも細部に注目する傾向があります。特に，幾何学模様などに注目します。一方で，ADHD（注意欠陥多動性障害）傾向の子は，目に入ってくるたくさんの情報を次から次へとキャッチしてしまいます。

　このように，いきなり教材を提示してしまうと，教師の意図とは違う見方をしてしまいます。そこで，何に注目するのか，どうして教材を見るのかという目的を示してから提示するようにしましょう。例えば，教科書の単元のはじめにあるイラストを使って授業するときには，「○○を3つ探します」や「○○している人を探します」など，目的を伝えてから見せると，スムーズに読み取りに向かえます。

(3) 興味づけの工夫

　絵や写真といった視覚教材を使う目的の1つは，興味づけです。少しの工夫で，さらに興味をもたせることができます。例えば，次の2つの方法があります。

①切り取り

　絵や写真をそのまま見せるのではなく，1つの部分だけを切り取り，拡大して見せる方法です。例えば，戦国時代の合戦の絵は，細部の一人ひとりの姿を見せるほうが興味をもちます。そして，その後に全体を示して，戦い方の特徴に迫っていくと，活動が盛り上がります。

②ブラインド

　見せたいところを，あえて隠しておく方法もあります。見えないところがあると，どうしても見たくなります。すると，勝手にその部分に注目します。

　このように，切り取りやブラインドなどの工夫をして，子どもに興味をもたせましょう。

ユニバーサルデザインの観点から

④思考の視覚化

こんな子がいる
クラスに有効

- 目立たないが学力が低い子
- 聴覚情報より視覚情報のほうが理解しやすい子
- 複数の作業に一度に取り組むことが苦手な子

「思考の視覚化」とは、「考える」という目に見えず、わかりづらいことを、具体的な方法に分解し、考える方法を視覚的に示すことです。

「考える」ということや「思考する」ということは、どのようにすればよいのかがわかりづらいものです。関西大学初等部では、「思考スキル」として思考の方法を系統立てて分類し、それぞれに対応する図である「思考ツール」をもとに、子どもに考える方法を教えています。そして、1つ1つの思考スキルを学んだ後に、課題に対してどの図を使って取り組むかを子どもに考えさせ、応用できるようにしていきます。

関西大学初等部の示す「思考スキル」には、大きく6つの領域があります。

①比較する…複数の事象の相違点や共通点を見つけ出す。
②分類する…物事をいくつかのまとまりに区分する。
③多面的に見る…複数の視点から物事を見る。
④関連付ける…ある事柄と他の事柄とのつながりを見つける。
⑤構造化する…複数の事象を根拠に、論理的に主張を構成する。
⑥評価する…観点をもち、根拠に基づいて対象への意見を述べる。

例えば，2つのものを比較させたいときには，ベン図という思考ツールを用いて，同じところと違うところを図に記入させます。そうすることで，比較するという思考を長々としなくても，共通するところは重なっているところに，違うところは重なっていないところに書くことが視覚的にわかり，自然と比較するという思考パターンが身につきます。

表14　思考スキルの分類

①比較する ベン図	②分類する Xチャート	③多面的に見る ボーン図
④関連付ける イメージマップ	⑤構造化する ピラミッドチャート	⑥評価する PMI分析表

（関西大学初等部『関大初等部式思考力育成法ガイドブック』より引用）

　このように，思考ツールを活用することで，考える方法をわかりやすく提示し，1つずつ計画的に思考スキルを身につけていくことができるのです。

ユニバーサルデザインの観点から

①簡潔・具体的な説明

こんな子がいるクラスに有効

- 集中が続かない子
- 全体指示で動くのが難しい子
- 聴覚情報より視覚情報のほうが理解しやすい子

「簡潔・具体的な説明」とは,子どもが聞きやすい,理解しやすいように簡潔,具体的な説明をすることです。教師は,たくさんのことを伝えようとしてしまい,長く説明しがちです。しかし,たくさん説明しても,子どもたちの頭には入っていきません。子どもたちが理解しやすい説明のポイントを3つ紹介します。

(1) ワーキングメモリへの配慮

ワーキングメモリ(一時的に覚えておいて作業する能力)の少ない子は,一度にたくさんの情報を伝えられても,それを理解することが困難です。そこで,「指示の明確化」で述べたように,説明も簡潔・具体的にしましょう。次の4つのことを意識すると,ワーキングメモリが少ない子でも,聞きやすくなります。

①話す内容を1つに絞る。
②言葉をできるだけ削る。
③30秒〜1分以内で話す。
④イメージしやすい言葉で伝える。

(2) 注意を向け，持続させる工夫

　教科書に書かれていることをただ説明しても，子どもは聞こうとせず，理解もしにくくなります。説明に注意を向け，その注意を持続させる工夫が必要です。例えば，次のように話すと，子どもたちは注意を向け，最後まで聞きやすくなります。

①具体的に話す。
②身近な内容を話す。
③インパクトのある内容を話す。
④矛盾やギャップのある内容を話す。

(3) 画像化

　耳からの情報を捉えることが苦手な子は，説明を理解するのが苦手です。テレビやパソコンの普及により，全体的に聞く力が弱くなっているという傾向もあります。そこで，子どもが理解しやすく話すポイントが**「画像化」**です。1枚の絵や写真がそこにあるように，教師がイメージしながら話すのです。そうすると，子どもも視覚的なイメージを働かせながら聞くため，内容を理解しやすくなります。

基礎知識　支援・指導　ケース別
ユニバーサルデザインの観点から

②確認・追質問

こんな子がいるクラスに有効
・集中が続かない子
・目立たないが学力が低い子
・聴覚情報より視覚情報のほうが理解しやすい子

「確認・追質問」とは、授業で指示通りに子どもが活動しているか、内容を理解しているかなどを確認したり、理解や考えを深め、新たな視点に気づいたりするために追質問をすることです。

(1) 確認

授業内で、教師は子どもに様々な発問や指示を出します。しかし、指示を出しっぱなし、発問を出しっぱなしにすると、できる子とできない子の差が生まれ、つまずく子が出てきます。発達に課題のある子は、特に様々な理由でつまずき、全体での学習についていけなくなりがちです。

そこで、指示を出したら、できているかを確認するようにしましょう。確認することには、2つの目的があります。

1つは、指示通りにできているかを確認するためです。そのためには、「指示の明確化」でも述べたように、一度に1つの指示を出し、指示の後に必ずできているかを確認するようにしましょう。

もう1つは、内容理解を確認するためです。静かに座っている問題行動を起こさない子の中にも、内容を理解できていない子がいます。誰が理解していて誰が理解していないのかを、教師が把握することで、その子への支援が

可能になります。

　指示通りにできているか，内容を理解しているかを確認するには，次の3つの方法があります。

---

①書かせる…ノートやプリントに答えや考えを書かせる，など
②言わせる…ペアやグループ，全体での発表，など
③動かす…できたら座る，指でおさえる，など

　これらの3つは，教師が見て，誰ができていて，誰ができていないのかが明確にわかります。そのため，つまずいている子や，ついてきていない子がひと目でわかります。例えば，地名探しの場面では，下のような指示とそれに対する確認，評価をセットで行っていきます。

【地名探し】
①指示「全員起立」
②確認
③評価「みんな速い！」
④指示「『札幌市』に丸をつけたら，座ります」
⑤確認
⑥「〇〇さん，1番。……」

---

(2) 追質問

　子どもの回答や意見に対して，理解を確認するため，理解を深めるために行うのが追質問です。子どもに発表させたり，書かせたりして終わるのでなく，あと一歩のツメで緊張感を与え，理解を深めさせましょう。目的別に，4つの追質問を紹介します。

①内容理解を確認するための追質問
　内容を理解できているかを確認するためには，頭の中で捉えていることを言わせたり，書かせたりする追質問が必要です。わかっているつもりでも，人に伝えようとするとうまく言えないことは，よくあることです。それを教師も子ども自身も確認できるように，例えば，次のような追質問をしてみましょう。

- 内容を十分に理解しているかの確認
  「詳しく聞かせて」
- 具体化できるほど理解しているかの確認
  「具体的に言うと？」
- 別の例に置き換えられるほど理解しているかの確認
  「他には？」

②理解や考えを深めるための追質問
　理解や考えを深めるためには，長々とした説明でなく，ひと言でまとめるという方法が有効です。また，考えの根拠をもとに説明させることも大切です。そこで，次のように追質問し，理解や考えを深めさせましょう。

- 学習したことをまとめる。
  「今日のまとめを，ズバリひと言で書こう！」
- 理由を考える。
  「今の意見の根拠を教えて」

③新たな視点に気づくための追質問
　新たな視点に気づかせるためには，学習の全体像や捉えさせるポイントを教師があらかじめ考えておき，授業で話題に出てこなかった視点を追質問する方法が有効です。

- 「○○はどう考える？」
- 「その意見で全員が納得できる？」

④考えをゆさぶる追質問

　子どもは，1つのことを学んだり，教師から説明されたりすると，深く考えずに正しいと思い込みがちです。しかし，その状態では，物事を深く理解できていません。周囲の意見に流される子になってしまいます。考えをゆさぶる追質問で，一度立ち止まったり，深く考えたりする習慣をつけましょう。

- 極端に言い換える。
  「では，絶対○○ということですね？」
  「○○な人は，いないんですね？」
- 少数意見を応援する。
  「○○は，こういうことも考えられるけど？」

基礎知識　　支援・指導　　ケース別

ユニバーサルデザインの観点から

③スキルトレーニング的指導

こんな子がいるクラスに有効

- 我慢が苦手な子
- 頭ではわかっていても，行動できない子
- 複数の作業に一度に取り組むことが苦手な子

「スキルトレーニング的指導」とは，「ソーシャルスキルトレーニング」に代表されるように，社会生活や学校生活で必要な１つのスキルを身につけるために，計画的・段階的に行う指導です。次の手順で行われます。

(1) 課題分析

　課題分析とは，取り組む課題を細かく分けることです。例えば，「昨日の作文を書く」という課題は，どのように分けられるでしょうか。細かく分けるときりがありませんが，大きく６つの課題に分けられます（①昨日，自分がしたことを思い出す，②思い出したことを書き出す，③どの部分を書くかを決める，④文の構成を書く，⑤作文を書く，⑥見直しをする）。

(2) スモールステップ

　スモールステップとは，課題分析によって細かく分けたそれぞれの工程を，子どもがつまずかずにクリアできるように，活動を組み立てることです。１時間の中で最終課題をクリアするためにどのように活動を組み立てるのか，また年間を通して最終的につけたい力に向けて各時期にどのように段階的に課題を設定するのかを考えて設定します。

(3) つまずきポイントへの支援

　課題を細かく分けて，それぞれの活動を組み立てたら，つまずきそうなポイントを乗り越えるための支援を考えます。例えば，先ほどの「昨日の遠足の作文を書く」という課題の場合，文の構成をつくることに子どもはつまずきます。そこで，文の型をあらかじめ提示します。そうすることで，つまずきを事前に防ぐことができます。

(4) 活動の手順

　スキルトレーニングは，次のような手順で行います。

---
①やり方を示す【説明】
②やってみせる【モデリング】
③やってみる【リハーサル】
④評価【フィードバック】
⑤別の形（場面）でやってみる【般化】

　教える際に，①の説明だけで終わることが多いのではないでしょうか。やり方を伝えるだけでは不十分です。

　教師が説明し（①），手本を見せ，上手にできている子を取り上げてほめ（②），実際にやらせてみて（③），上手にできたら本人にわかるようにほめ，できていなければ正しい方法を教え（④），別の課題でやらせてみる（⑤）。ここまでやって，はじめてスキルは獲得され，定着していきます。

合理的配慮の観点から

①座席配置

こんな子がいるクラスに有効

- 集中が続かない子
- 不安が強い子
- 見え方に特徴（苦手さ）のある子

「座席配置」とは，配慮のいる生徒の様々な特性や課題に応じて，教室での座席の配置を工夫することです。ポイントを3つ紹介します。

(1) 見る力への配慮

　座席配置の配慮で，一番に思いつくのは，「視力」の問題ではないでしょうか。視力の低い子は，もちろん前方の席に配置しましょう。

　見る力について，他にも配慮すべきことがあります。それは，左右視覚認知です。人それぞれ視力が違うように，左右の目の見え方も違います。「利き目」があるように，左右の目の使い方も人それぞれです。そのため，人によっては，左側の物が見えにくかったり，右側の視野が狭かったりするのです。左右の見え方に大きな差がある子は，座席の配慮が必要です。

(2) 注意力，集中力への配慮

　注意がそれやすく，集中しづらい子を後方の席にすると，教室中の様々な刺激に反応してしまいます。それは，その子自身にとっては，集中できない，落ち着かない「しんどさ」につながります。また，教師や周りの子にとっては，その子の気になる行動が増えるため，授業を進められなかったり，授業

に集中できなかったりする「しんどさ」につながります。
　注意力・集中力に課題のある子は，できるだけ前方の席にしましょう。

(3) 子ども同士の影響
①手本になる子を前に
　先ほど，注意力・集中力に課題のある子は前方の席にするように書きました。しかし，注意力・集中力に課題のある子の多くは，多動でもあります。教室の前方によく動く子が集まると，後ろの子は授業に集中できなかったり，同じような行動を取ってしまったりします。そこで，みんなのお手本になる子を最前列に配置しましょう。そうすることで，いいモデルができ，後ろの子はその真似をして，落ち着いて授業を受けることができます。
②自閉症スペクトラムの子の前に ADHD の子を座らせない
　自閉症スペクトラムの子の前に，ADHD（注意欠陥多動性障害）の子を座らせると，自閉症スペクトラムの子はストレスが溜まる一方です。ADHDの子の多動さや，無意図的な行動に対して，「授業は静かに受けるべきだ」と考える自閉症スペクトラムの子のこだわりが反応して，ADHD の子の1つ1つの行動に腹を立て続けます。そして，トラブルにつながります。自閉症スペクトラムの子の気にならない位置に，ADHD の子を配置しましょう。
③視線の気になる子，こだわりのある子は後ろか壁側
　周囲からの視線を極端に気にする子がいます。自己肯定感が下がって不安傾向を示す自閉症スペクトラムの子に多いです。その子が落ち着いて教室で過ごせるように，後方か壁側の席にしましょう。
　こだわりのある子の言動は，周囲とのトラブルのタネになりかねません。物の並べ方や，決まったルーティンへのこだわりは，他の子にとってはなかなか理解しづらいものです。また，不安を和らげるための行動（貧乏ゆすりや爪かみなど）は，周囲に嫌な印象を与えかねません。周囲の子の気になりにくい，後方か壁側に配置しましょう。

基礎知識 / 支援・指導 / ケース別

合理的配慮の観点から

②刺激の調節

こんな子がいるクラスに有効

- 落ち着きのない子
- 集中が続かない子
- 大きな音が苦手な子

「刺激の調節」とは，視覚や聴覚をはじめとする様々な感覚の過敏さに配慮し，それらの刺激を軽減することです。

(1) 椅子の調節

①椅子の脚にテニスボール

椅子を動かすときに出る音が気になる子がいます。また，音だけでなく，椅子を引くときの振動が嫌な子もいます。そんな子には，椅子の脚にテニスボールをつけましょう（写真7）。音が静かになり，嫌な振動もなくなります。

写真7

②椅子に座りにくい子への配慮

椅子の座面のかたさが苦手だったり，姿勢を保持することが苦手だったりする子は，椅子に座っていることが苦手です。そこで，次のようなものを使って，落ち着いて授業を受けられるようにしましょう。

写真8

ビーズクッション	座面のかたさを解消できます。
滑り止め	座る姿勢を保持するのが苦手な子に有効です。(写真8)
バランスボール	負担なく適度に刺激を入れ続けられるので、どうしても座っていられない子におすすめです。

(2) 触覚刺激の提供

　常に、何かの刺激を入れていないと落ち着かない子がいます。そういう子は、手遊びをしたり、他の子にちょっかいをかけたりして、刺激を入れようとします。そのため、注意されたり、トラブルになったりしてしまいます。そこで、周りに迷惑をかけずに授業に集中できる、適切な感覚刺激の方法を、その子と一緒に考えましょう。

空気緩衝材(プチプチ)	退屈なとき、ソワソワしてきたときに、落ち着きます。
絵を描く	遊んでしまいそうなときには、絵を描くことに集中すると、落ち着きます。

(3) 聴覚への配慮

写真9

　我々が気にならないような周囲の騒音も、聴覚に過敏のある子には苦しくて仕方がないということがあります。そこで、イヤーマフを試してみましょう。イヤーマフは、自分の聞きたい音を邪魔せずに聞けて、それ以外の雑音をある程度遮断してくれます。教室のざわざわした音が苦手な子や突然の音が苦手な子も、安心して授業を受けられます。もちろん、個人差はありますので、イヤーマフでうまくいかない場合もあります。その場合は、耳栓など、他の方法も試してみましょう。

合理的配慮の観点から

③視覚化・構造化

こんな子がいるクラスに有効
・片づけが苦手な子
・見通しをもつのが苦手な子
・コミュニケーションが苦手な子

1．視覚化

「視覚化」とは，目に見えなくてわかりづらいことを，目に見える形にしてわかりやすく提示することです。

(1) 予定の視覚化
①1日の流れの提示

1日の見通しをもって生活できるように，その日のスケジュールを視覚的に示します。文字でわかりにくい場合は，写真やイラストを用いるとわかりやすくなります（資料11）。

PICシンボル（Pictogram Ideogram Communication）と呼ばれるツールを用いると，統一した形式で複数の子にわかりやすく提示できるため，便利です。

②1時間のスケジュールの提示

1時間のスケジュールの場合は，活動の内容や，どれだけやれば終わりなのかがわかるように示すと，落ち着いて取り組めます。

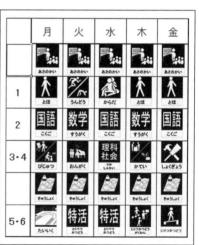

資料11　PICを用いた予定表

（筆者作成）

(2) 感情・要求の視覚化

絵カードを用いて自分の気持ちや伝えたいことをカードで伝えられるようにします。また，ソーシャルスキルトレーニング（SST）や振り返りのときにも使えます。

2．構造化

「構造化」とは，子どもが見通しをもって取り組めるように，場所・時間・活動を視覚的にわかりやすく提示することです。

例えば，荷物の整理は，苦手な子にとっては1人では難しいものです。構造化の手法で教室にルールをつくることで，荷物を整理しやすく，学習しやすい環境をつくりましょう。

①荷物はロッカーの上

机の横に荷物を置いていると，通るのに邪魔になったり，荷物が刺激になったりするため，教室全体がごちゃごちゃしているように見えます。特に，片づけが苦手な子の机の周りは，悲惨な状態になりがちです。「荷物はロッカーの上」というルールで，教室がすっきりします。

②ロッカー内の整理

・教科ごとにジップファイルにまとめる（写真10）

教科書やノート，ファイルを，透明のジップファイルにまとめて入れるようにしましょう。すると，なくすことが減り，管理しやすくなります。順番は後から教師と一緒に並べればいいので，とりあえず教科のファイルに入れればOKというように，無理のないことから始めましょう。

・縦に並べる

整理が苦手な子は，教科書やノートを横に並べて積んでいきます。そのため，すぐに取り出しづらく，外からどの教科の物なのかを把握しづらいために，必要な物をすぐに取り出せなくなります。縦に並べる習慣をつけるだけでも，整理が楽になります。

④時間・場所の確保

こんな子がいるクラスに有効

・気持ちのコントロールが苦手な子
・暴言が出る子
・書きに課題のある子

「時間・場所の確保」とは、気持ちのコントロールや作業に、他の子よりも時間がかかったり、個別の場所が必要だったりする子に対して、それらを提供することです。ただし、「時間や場所がないとできない」と考えるのではなく、「時間や場所があればできる」と考えるのが、合理的配慮の考え方です。

(1) クールダウンの時間・場所の確保

自分のイライラをうまくコントロールできなかったり、ストレスの発散方法がわからなかったりする子は、暴力をふるってしまうなどの問題行動を起こし、トラブルになりがちです。イライラしたときには、そのことで頭がいっぱいになっているので、「やってはいけません」と注意すると、余計にヒートアップしてしまいます。しかし、そのまま放っておくこともできません。そこで、次の手順で時間と場所を与えて対応しましょう。

①本人と周囲の安全確保

何をおいても、安全確保を最優先しなければなりません。周囲の子を離れさせ、危険な物を遠ざけ、本人を安全な場所へ誘導します。自分や人、物を傷つけると、冷静になったときに、自分のしてしまったことを後悔し、自己

肯定感が下がってしまいます。本人の失敗を最小限にしてあげましょう。
②イライラのターゲットを遠ざける
　次に，イライラの原因となっている人や物を遠ざけます。それがあると，それに意識が向き続け，なかなかクールダウンできません。
③クールダウンの場所へ誘導
　あらかじめ決めておいた，クールダウンできる場所へ誘導します。その場所は，その子にとって安心できる場所でないといけません。しんどいときにだけ使う場所だと，その場所に嫌なイメージができて，落ち着かず，行きたくなくなります。事前に本人と決めておきましょう。
④クールダウンの時間を決める
　本人とクールダウンの時間を決めます。はじめは，教師が決めてあげ，少しずつ自分で決められるように促していきましょう。自分で「戻る」と決めることが大切です。ただし，発達の段階によっては，教師が決めてあげましょう。

(2) 「書き」への配慮

　見る力，ワーキングメモリ（一時的に覚えておいて作業する能力），手先の微細運動（細かな動き）などのいずれかに課題のある子は，書くことが苦手です。授業内では，書く量をできるだけ減らしたり，別の方法に置き換えたり（**代替手段**）することが可能ですが，テストなどでどうしても書かなければならない場合もあるでしょう。
　その場合は，時間延長を認めましょう。なぜなら，その子の本来もっている力が，「書き」という障壁によって妨げられ，不当な評価を受けてしまうと考えられるからです。試験の時間延長は，多くの自治体，学校で認められています。

基礎知識　支援・指導　ケース別

合理的配慮の観点から

⑤代替手段の提供

こんな子がいる
クラスに有効

- 書きに課題のある子
- 読みに課題のある子

「代替手段の提供」とは，本人が苦手としている，つまずいていることに対して，別の方法を提供することでそのつまずきを軽減し，本来もっている力を引き出し，伸ばすことです。

(1) ノートテイク

これまでの授業では，教師が黒板に板書し，子どもがそれを写すというスタイルが主流でした。しかし，「書き写す」という一連の作業に何らかの苦手さがある子にとっては，地獄のような作業なのです。例えば，字が整わない子にとっては，書くこと自体に労力を使います。さらに，自分の字を見て劣等感を抱き続けます。その子にとっては，「書き写す」ことは害でしかありません。

現在，そういった子が「書字障害」として認知されるようになってきました。同時に，そういった子に対する適切な合理的配慮を行う必要も出てきました。ノートテイクの代替手段として，主に次のものがあります。

- パソコンのキーボードで打つ。
- タブレット端末（iPadなど）で写真を撮る。
- プリントに教師がうすく書いてあげ，それをなぞる。

大切なことは，本人の苦手さの代わりを提供することで，本人が本来もっている他の力を引き出し，伸ばすということです。

他にも，次のような代替手段があります。

- 代筆…書くことに課題のある子への代替手段
- 代読…読むことに課題のある子への代替手段
- 用紙拡大…見ることに課題のある子への代替手段
- ルビ打ち…見ることや書くことに課題のある子への代替手段

(2) ルールの変更

　最近，メディアでも取り上げられることが多くなったパラリンピックでは，障害があってもスポーツができるように，もともとのルールを変更しています。そのため，多くの人がスポーツを楽しめるようになっています。このように，苦手さのある子も一緒に参加できるように，ルールを変更するという方法があります。

　例えば，車椅子を使っている子がバスケットボールに参加できるように，次のようなルール変更が考えられます。車椅子を動かす人をつけて，接触はしないというルールにしたり，ポートボールのようにゴールを子どもにして椅子に座ってキャッチするとゴールにするというルールにしたりすることが考えられます。

　このようなルール変更は，スポーツだけでなく，教室でのルールでも同じです。例えば，車椅子を利用している子でも通りやすいように，机の横に荷物を置かずにすべてロッカーの上に置くというルール変更も考えられます。

　また，ルールを教師が決めるのでなく，子どもたちで考えさせるという方法もあり，子どもたち同士のつながりが強くなります。

基礎知識　支援・指導　ケース別

合理的配慮の観点から

①個別対応

こんな子がいるクラスに有効

・全体指示で動くのが難しい子
・勉強しようとしない子
・暗黙のルールを理解しづらい子

「個別対応」とは，指示を聞いて行動することが苦手だったり，ルールの理解が苦手だったり，1人での作業が苦手だったりする子に対して，個別に必要な支援を提供することです。個別指示，個別のルール提示，作業支援の3つを紹介します。

(1) 個別指示

次のような課題のある子は，授業中に個別の指示が必要です。

・注意がそれやすい。
・言葉での指示の理解が苦手。
・全体指示を自分に対して言われていると思わない。

これらの課題のある子は，次のような支援があると，取り組みやすくなります。

・全体指示の後に，個別に指示をする。
・紙やミニボードに指示を書いて渡す。

(2) 個別のルールづくり

　自閉症スペクトラムの子に代表されるように，相手の気持ちを考えることが苦手だったり，空気を読むことや暗黙のルールを理解することが苦手だったりする子は，トラブルになりやすいです。そこで，トラブルを未然に防ぐために，事前にルールをつくっておきましょう。例えば，次のようなルールです。

①友だちとは片手の距離で
　距離が近くなりすぎる子には，具体的な距離を視覚的に教えましょう。
②話しかけるときは肩をトントン
　後ろからいきなり話しかけてしまう子には，肩をトントンするというルールをつくりましょう。
③発表するときは手を挙げて
　思ったことをすぐに口にしてしまう子には，「ノートに書いてから」や「手を挙げてから」などのルールをつくりましょう。
④1回話したら2回休憩
　自分の話したいことを次々と話してしまいがちなので，順番に話すための具体的なルールをつくりましょう。

(3) 作業支援

　身体的な支援が必要な場合には，実技系の教科や作業をする授業での支援が必要になります。同じように，次のような子も，1人で作業を進めることが難しく，支援が必要です。

・説明だけでは，取り組む見通しがもてない。
・1つずつ順番に説明されないと取り組めない。

　どちらの場合も，作業内容を写真で提示するか，横で手本を見せることで取り組みやすくなります。

合理的配慮の観点から

②肯定的フィードバック

こんな子がいるクラスに有効

・反抗的な態度を見せる子
・暴言が出る子

　勉強が苦手な子やトラブルの多い子は，自己肯定感が下がり，二次的な症状が出やすくなります。中には，「反抗挑戦性障害」と呼ばれる，反抗的な態度をとってしまう子もいます。そんな子に対して，どのように関わっていけばよいでしょうか。

　長期的には，本書で紹介するような手法を用いて，子どもの力を伸ばし，自己肯定感を高めることが大切です。しかし，それには時間がかかります。ここでは，暴言が出る子へのその場での対応を，小栗氏の理論をもとに紹介します（小栗正幸『ファンタジーマネジメント』）。

> 子どもの言葉：「勉強なんかやってもムダなんだよ！」

失敗対応①　説教・説諭型

　「そんなことを言うんじゃない！」，「なんでそんなふうに考えるんだ！」と一喝する方もいらっしゃるでしょう。もしくは，「勉強は大切だぞ。なぜなら……」と諭す方もいらっしゃるでしょう。もちろん，この方法でこの子の考えが改まれば，それでいいのです。しかし，「うるさい！　お前にはわからないんだ！」と，関係が悪化してしまうこともあるでしょう。

　「その場でわかってくれなくても，後でわかってくれる」と考える方もいらっしゃるでしょう。もちろん，そういう子もいます。しかし，「**メタ認知**」

と呼ばれる，自分のことを客観的に捉える力の弱い子は，その考えには至らず，叱られたという嫌な感情だけが残ります。

失敗対応②　共感・受容型
　「そうか，そうだよな。勉強ってムダだよな」と共感する方もいらっしゃるでしょう。教師に愚痴を聞いてもらってすっきりし，自分で「やっぱり勉強は大事だ」とメタ認知できる子ならば，この方法でもよいでしょう。しかし，メタ認知の弱い子は，このようには振り返れません。また，関係を悪化させないという点では，①よりいいのかもしれませんが，正しくない考えをそのままにしていても，この子は変わりません。

正しい対応　肯定的フィードバック
　「間違っていることをそれだけ堂々と言えるのはすばらしい。でも，それだけ困ってるんだよな」
　①とも②とも違う対応です。「勉強はムダだ」という相手の主張を外して(的外し)，「すばらしい」，「困っているんだよな」と相手に対して肯定的に返しています。言った本人も，このように返してくると思っていないので，「あれっ？」と認知の隙間ができます。暴言による防衛体制が少し緩みます。
　そこで，教師が会話の主導権を握ります。この状況をつくることができれば，やりとりができるようになり，本人の困っていることを聞けるようになります。
　これは，「メタ認知」と呼ばれる，自分の行動や状況を客観的に理解するのが苦手な子に有効です。メタ認知が弱いと，注意されたことに対して，「嫌なことを言われた」という捉えにとどまってしまい，注意された理由を考えずに行動が変わらず，関係が悪化するだけです。
　もちろん，この方法ですぐに言動が改善されるわけではありません。しかし，この対応を続けることで，本人との関係性が改善され，指導しやすくなっていくのです。

 基礎知識 支援・指導 ケース別

合理的配慮の観点から

③事前予告，リハーサル

こんな子がいるクラスに有効

- 見通しをもつのが苦手な子
- 急な予定の変更が苦手な子
- 新しい環境や課題が苦手な子

「事前予告」とは，見通しをもちにくい子や，急な予定の変更が苦手な子に対して，スケジュールや活動内容を事前に予告しておくことです。

(1) 事前予告

①活動の流れの提示

「視覚化」と同様に，1時間の活動の流れ，1日の活動の流れ，行事までの練習日程などを，視覚的にわかりやすく提示しましょう。1日のスケジュールや，1週間のスケジュールを子どもが書くという活動も効果的です。

②イラストや写真の提示

活動のイラストや，実際に取り組んでいる様子や場所の写真を提示して，見通しをもちやすくします。

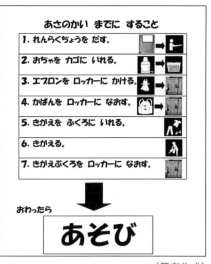

資料12　活動の流れの提示

(筆者作成)

③動画の提示

　体育大会の演技の様子，調理実習の調理の様子，式での移動の仕方などを，ビデオなどで撮影して提示します。イラストや写真よりもさらにわかりやすく，見通しをもちやすくなります。

(2)　リハーサル

　「リハーサル」とは，新しい課題やいつもと違う環境が苦手な子に対して，先に実際にやってみることです。新しい環境や活動が苦手な子には，事前にその状況に近い形でリハーサルを行いましょう。

　体育大会や文化祭などの行事や，調理実習などの普段と違う活動では，不安感が強くて参加できないことが多くなりがちです。プリントなどで説明してもらっても，実際の場面を想像するのが苦手な子にとっては，十分な支援になりません。

　そこで，体育大会の練習では，全体での練習の前に，事前に活動の流れを視覚資料を用いて説明し，グランドの同じ場所で実際に練習してみましょう。

　また，調理実習も，事前に活動の流れを視覚資料で説明し，調理室で実際に器具を用いて練習してみましょう。実際にやってみることで，見通しをもつことができ，参加できるようになるかもしれません。

基礎知識　支援・指導　ケース別

合理的配慮の観点から

①タイプ別指導法

こんな子がいるクラスに有効
- 書きに課題のある子
- 目立たないが学力が低い子
- 聴覚情報より視覚情報のほうが理解しやすい子

「タイプ別指導法」とは，子どもの得意な力を生かし，それに合わせた指導法を行うことです。1章の**「得意・不得意」**でも説明したように，同じ脳の中でも，働きに得意・不得意があります。そのため，目で見て捉えるのが得意な子もいれば，耳で聞いて捉えるのが得意な子もいるのです。

タイプ別指導法では，**「同時処理型」**の指導法と**「継次処理型」**の指導法の2タイプに分けて紹介します。

(1) 同時処理型

同時処理とは，個々の情報を1つにまとめたり，それぞれの情報が全体としてどのように関連付けられるかを理解したりするときに使われる機能です。例えば，物事のパターンを理解するとき，物の位置など空間的に理解するとき，文章の全体を捉えるときなどに使われます。

図10　同時処理のイメージ図（図6再掲）

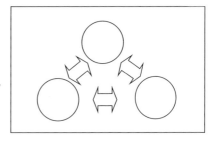

同時処理型の指導には，次のようなものがあります。

はじめから1つずつ教えるよりも，先に全体像を示し，それから細かな部

分を教えるのが有効です。また，順序よりも，関連するものとつなげながら教えるほうが理解しやすいです。そして，言葉での説明よりも，視覚的に示したり，活動を多く取り入れたりするほうが理解しやすいです。

(2) 継次処理型

図11　継次処理のイメージ図（図7再掲）

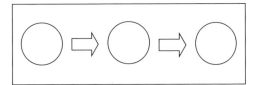

継次処理とは，順番に並べられた情報を扱うときに使われる機能です。例えば，言葉での説明を理解するとき，順序立てて作業するとき，物事の時系列を理解するときなどに使われます。

継次処理型の指導には，次のようなものがあります。

先に全体を見せるよりも，順序性を重視して，1つずつ段階的に教えていくほうが有効です。また，関連付けるよりも，順を追って説明するほうが理解しやすいです。そして，絵や図よりも，言葉で丁寧に伝えていくほうが理解しやすいです。

同時処理が得意な子と，継次処理が得意な子の指導原則をまとめると，表15のようになります。それぞれのタイプに合った方法で指導しましょう。具体的な指導例は，3章で紹介します。

表15　同時処理型，継次処理型の子への指導原則

同時処理型	継次処理型
①全体を踏まえた教え方	①段階的な教え方
②全体から部分へ	②部分から全体へ
③関連性の重視	③順序性の重視
④視覚的・運動的な手がかり	④聴覚的・言語的な手がかり
⑤空間的・統合的	⑤時間的・分析的

（藤田和弘他『長所活用型指導で子どもが変わる』28－29頁より引用）

 基礎知識 支援・指導 ケース別

合理的配慮の観点から

②代替手段の提供

こんな子がいる
クラスに有効

・コミュニケーションが苦手な子

「代替手段の提供」とは，本人の苦手な部分を他の方法に置き換えることで，本人が本来もっている力を引き出し，高めていくことです。

ここでは，子どもがもっているコミュニケーションの力を引き出し，さらに高めていくために，社会的障壁となっている物を取り除くための方法をご紹介します。

コミュニケーションにおける社会的障壁でまず考えられるのが，音声での会話の難しさです。何らかの理由で，話せない（話すことが苦手），聞けない（聞くことが苦手）子に対して，代替手段を提供します。この子たちは，コミュニケーションがとれないのではなく，とるための手段に障壁があるのです。それを取り除くことで，意欲的にコミュニケーションをとるようになるかもしれません。大事なことは，どのような手段であっても，それを介して他者とコミュニケーションをとる機会をつくることです。

①サイン

サインは，物の準備が不要なため，いつでもどこでも利用できます。ただし，相手もそのサインを知っていなければなりません。手話は理想ですが，クラスのみんなで使うには現実的ではありません。そこで「マカトン・サイン」を利用してみましょう。日常生活ですぐに使える，覚えやすいサインが多いので，小学生でも利用しやすいです。

② カード

　自分の気持ちや要求をイラストつきで表しているカードも便利です。自分の気持ちや要求をうまく言葉にできない子にとって、直接話すことは、我々が想像する以上に大変なことなのです。カードを見せるという方法で他者とやりとりができるようになれば、それが自信になり、コミュニケーションへの意欲が高まるかもしれません。その子が無理なくできる方法で、やりとりを増やしていきましょう。

資料13　感情カード

③ 筆談

　筆談とは、自分の気持ちや伝えたいことを字で書いたり絵で表したりすることで、気持ちを伝え合うことです。話すよりも書くことが得意な子は、メモ帳などを用いて筆談でコミュニケーションをとりましょう。

　視覚的な情報のほうが理解しやすい子にとっては、こちらが伝えたい内容を見て理解できるようになります。また、本人の伝えたい気持ちも、直接話すのではなく、紙に書くことで伝えやすくなります。

　いきなり文章で伝えることは難しいので、段階を踏みましょう。まずは、〇か×かを選ぶことで気持ちを確認しましょう。次に、3つほどの選択肢から選ぶようなやりとりを行いましょう。そして、単語で伝え合うようにし、それらが安心してできるようになれば、文章で筆談していきましょう。無理にやりとりを進めるのでなく、その子が伝えたい気持ちを引き出すことを第一に考えましょう。

 基礎知識 支援・指導 ケース別

合理的配慮の観点から

①スモールステップ

こんな子がいる
クラスに有効

・勉強しようとしない子
・目立たないが学力が低い子

　「スモールステップ」とは，課題ができるようになるために，課題を細かいステップに分解し，1つずつ取り組んでいく方法です。

　教師をされている方のほとんどは，学生時代には学力が高く，勉強にそこまで困ったことのない方たちでしょう。そのため，子どもにとってはハードルの高い課題でも，「これくらいならできるだろう」と思いがちです。そもそも，ハードルがあること自体に気づかず，子どものつまずきを見て驚くこともあるでしょう。子どもがつまずかずに取り組めるように，スモールステップで授業を展開しましょう。

　課題を分析するには，様々な方法がありますが，ここでは「階層分析」と「手順分析」の2つを紹介します。

(1) 階層分析

　階層分析とは，課題を知的な段階によって分けることです。算数の例がわかりやすいでしょう。例えば，わり算の筆算の課題を解くためには，次のようなステップが必要です。

> ①九九ができる。
> ②わり算の筆算の手順がわかる。
> ③わり算の筆算を解く。

　まず，九九ができなければなりません。そして，わり算の筆算の手順を知っていなければなりません。このように，課題をやさしい順に分解して，1つずつスモールステップで取り組んでいきます。これは，算数だけでなく，他の教科でも同様です。子どもが課題のどこでつまずきそうかを事前に分析し，そこでつまずかないようにスモールステップを組むようにしましょう。

(2) 手順分析

　手順分析とは，課題を工程の順序で分けることです。例えば，算数の文章問題を解くためには，次のようなステップが必要です。

> ①問われていることを読み取る。
> ②問題文から情報を読み取る。
> ③情報をもとに式を立てる。
> ④式の答えを求める。
> ⑤問われていることに対する答えを書く。

　まず問われていること，つまり何を答えるのかを読み取らなければなりません。次に，手がかりとなる数字などの情報を読み取らなければなりません。そして，それらの情報をもとに，式を立てなければなりません。その後に，式の答えを求め，最後に，問われていることに対する答えを正確に書かねばなりません。これらの手順を分解し，1つずつスモールステップで取り組んでいくのです。

 基礎知識 支援・指導 ケース別

合理的配慮の観点から

②意欲のデザイン

こんな子がいる
クラスに有効

・勉強しようとしない子
・目立たないが学力が低い子

「意欲のデザイン」とは，自己肯定感が下がり，学習への意欲が下がってしまっている子に対して，意欲が高まるように意図的に計画することです。

発達に凸凹のある子は，他の子に比べて，間違えたり，できなかったり，叱られたりする体験が多くなりがちです。すると，次第に「自分はダメなんだ」，「自分はできないんだ」と自己肯定感が下がってしまいます。自己肯定感が下がってしまうと，課題に取り組むときの不安が大きくなったり，取り組もうとしなくなったりします。そして，非行や不登校につながる場合もあります。自己肯定感を下げないように，失敗体験を少なくし，意欲を高める支援が必要です。

(1) ARCS モデル

ケラー氏は，学習意欲には次の4つが影響を与えるとして，「ARCSモデル」を提唱しています（J.M.ケラー『学習意欲をデザインする』）。

①A（attention）注意

子どもが「面白そう！」，「勉強したい！」と思うように刺激を与えると，学習意欲が高まります。

②R（relevance）関連性

子どもが「勉強する意味がありそうだな」，「自分と関わりがあるな」と思

えるようにすると，学習意欲が高まります。
③C（confidence）自信
　子どもが「できそうだな」，「こうやればできるな」と思えるようにすると，学習意欲が高まります。
④S（satisfaction）満足感
　子どもが成績やご褒美，自分の成長や有用感などによって，「やってよかったな」と思えるようにすると，学習意欲が高まります。
　これら4つをうまくデザインし，子どもの学習意欲を高めましょう。

(2) 動機づけアプローチ

　前述（100ページ）の小栗正幸先生が指摘するように，学力をつけるためのアプローチと，動機づけのアプローチは，方法が違います。学力をつけるためのアプローチは，できなかった課題に対して，なぜできなかったのかを分析し，その課題に対してスモールステップで学力を積み上げていきます。
　それに対して，動機づけアプローチは，子どもに「勉強をやってみよう！」と思わせることが目的です。そのため，次のような方法を用います。

・1つのことがわかれば解ける問題を選ぶ（教科書や問題集の1問目など）
　→「勉強すればできる」と思えるように仕かける。
・時間は15〜20分以内
　→子どもが「もうちょっとやりたい」と思うぐらいで終了する。
・毎日取り組む内容を変える。
　→新しい内容で，新鮮さを持続する。
・教師が一緒に取り組み，「できた」という達成感を一緒に味わう。
　→努力（がんばったらできたね），関係性（先生と一緒にやったらできたね），感情（できたらうれしいね）を，行動とつなげてほめる。

　動機づけアプローチだけでは学力はつきません。しかし，学力をつけるためには意欲をもたせることが先決です。意欲が高まれば学習習慣ができ，学力を高める基礎ができます。

ケースでわかる！
アセスメント＆支援・指導の実際

基礎知識 支援・指導 ケース別

学級経営編

①提出物がそろわない

子どもの様子

> ○○さんは，小学校5年生です。計算や漢字などの勉強はある程度できますが，提出物がなかなかそろいません。まじめな性格なので，わざと忘れたり，捨てたりはしていません。どのように支援・指導すればよいでしょうか。

アセスメント

提出物がそろわない原因は，大きく3つ考えられます。

①提出物に関する指示を聞いていない。
②すぐに忘れてしまう。
③計画的に課題を終えられない。

それぞれの原因に対する支援・指導を紹介します。

支援・指導

(1) 提出物に関する指示を聞いていない

提出物があるという情報すら知らない状態です。この場合は，注意か聴覚情報処理に課題があります。これらの力をつけるには，「注意」(38ページ)，「ワーキングメモリ」(42ページ)のトレーニングを行いましょう。

このような苦手さのある子への

資料14 提出物一覧

提出物一覧		
教科	提出物	期限
算数	問題集（pp.4〜7）	4/20（金）
社会	歴史新聞	4/24（火）
その他	家庭訪問の日程	4/27（金）

支援は，視覚提示が有効です。注意がそれやすい子や，口頭での指示を覚え理解することに課題のある子には，どうしても口頭指示だけでは伝えきれません。そこで，教室の後ろの黒板，もしくはミニホワイトボードに，提出物一覧とその期限を書いておきましょう。提出物は，すべてそこを見ればわかるという状態にしておけば，他の子も助かります。

(2) すぐに忘れてしまう

　一度は指示を聞いたけれども，他のことをしているうちに忘れてしまう状態です。この場合は，ワーキングメモリに課題があります。この力をつけるには，「ワーキングメモリ」(42ページ)のトレーニングを行いましょう。
　ワーキングメモリに課題のある子の支援は，2つです。
　1つは，先ほど紹介したように，忘れてもすぐに思い出せるように，決まった場所に提出物一覧を書いておくことです。
　もう1つは，メモの取り方を教えることです。ワーキングメモリは，頭の中のメモ帳です。頭の中で難しければ，実際のメモ帳を使えばいいのです。いつ・どのようにメモを取るか，いつ・どのように書いたメモをチェックするのかを具体的に伝え，習慣化するまで教師がチェックし，一緒に取り組みましょう。

(3) 計画的に課題を終えられない

　提出物があるのは知っているが，どうやって期限までに仕上げるのかがわからない状態です。この場合は，プランニングに課題があります。この力をつけるには，「プランニング」(36ページ)のトレーニングを行いましょう。
　プランニングに課題のある子へは，次の3つの支援を行いましょう。

①活動を短く区切り，全体の手順を提示する。
②1つ1つの作業を具体的に提示する。
③目標となる具体物を提示する。

| 基礎知識 | 支援・指導 | ケース別 |

学級経営編

②すぐに暴力をふるってしまう

子どもの様子

○○さんは，小学校3年生です。友だちに強く言われたり，自分の思いと違うことがあったりすると，すぐに暴力をふるってしまいます。どのように支援・指導すればよいでしょうか。

アセスメント

この子は，自分からいきなり暴力をふるうのではなく，相手の言動に対して暴力が起こっているようです。次のような理由が考えられます。

①自分の気持ちをうまく言葉で伝えられない。
②暴力以外に自分のイライラを解決する方法を知らない。

①の場合でも，②の場合でも，根本的にはコミュニケーションの苦手さが原因です。この場合，「暴力はダメ」といくら叱っても，解決にはなりません。どう行動すればよいかがわからないからです。では，どうすればよいのでしょうか。それは，適切なコミュニケーションスキルを教えることです。ソーシャルスキルトレーニングの手法を用いて，次のステップで教えましょう。

支援・指導

0段階：暴力をふるう場面を少なくする，暴力によってよい結果を得られないようにする

　　　　応用行動分析でいうところの「原因」と「結果」を変える，環境調整です。暴力をふるわなくてもいいように，周りの子との関わり

方を教えたり，暴力によって自分の思い通りになったりしないようにしましょう。

1段階：自分の気持ちを理解する（感情の分化）

　すぐに暴力をふるう子の中には，感情の分化が進んでおらず，快・不快だけで行動している場合があります。例えば，資料15のようなイラストカードを用いて，「どんな気持ち？」の問いかけに対して，適切な物を選ぶような課題を日常的に取り入れ，感情の分化を図りましょう。

資料15　イラストカード

どんな きもち？		
うれしい	かなしい	いたい
うるさい	ほしい	イライラ

2段階：自分の気持ちの伝え方を理解する

　ソーシャルスキルトレーニングに関する本は，たくさん出版されています。気持ちを伝えるワークも多数出ていますので，そのような教材を用いると便利です。もし余裕があれば，その子がトラブルになりそうな場面を教材化し，どうやって気持ちを伝えればよいかを考えるワークをすると効果的です。

3段階：学んだことを実践してみる

　学んだことを実際にロールプレイで実践してみます。やらされる，しらけた雰囲気にならないように，できている子をしっかりほめてモデリング（手本を見せる）したり，ゲーム性のある課題にしたりして，楽しく取り組めるようにしましょう。

4段階：実際の場面を振り返る

　実際の日常生活でうまくいったこと，うまくいかなかったことを振り返ります。うまくいった場面はその理由を伝えながらしっかりとほめ，うまくいかなかった場面はうまくいく方法を考えて，できる回数を増やしましょう。

| 基礎知識 | 支援・指導 | ケース別 |

学級経営編

③イライラを抑えられない

子どもの様子

○○さんは，小学校5年生です。感情のコントロールが苦手で，友だちからのちょっかいや，うまくいかないことがあると，すぐに暴力をふるってしまいます。一度怒ると，しばらくは手がつけられないほど暴れますが，その後は何事もなかったかのようにケロッとしています。どうすれば，イライラをコントロールできるようになるでしょうか。

アセスメント

イライラへの対応にはタイプがあります。イライラすることがあったときに，すぐに怒りの感情が高まるタイプと，少しずつゆっくり高まっていくタイプに分かれます。また，そのイライラを外に放出して発散するタイプと，じっと我慢して溜め込むタイプに分かれます（表16）。それぞれのタイプごとに対処法は異なります（本田恵子『キレやすい子の理解と対応』）。

①激情・放出タイプ

暴言・暴力で怒りを放出し，その後はケロッとしているタイプです。○○さんはこのタイプです。

表16　イライラ対応タイプ

	激情型	慢性型
放出型	①	②
溜め込み型	③	④

（筆者作成）

このタイプには，イライラのきっかけをつくらないことや，イライラした後のクールダウンの方法を用意してあげることが大切です。また，自分自身でストレスやイライラしやすいことを理解させることも大切です。

②慢性・放出タイプ

　一気に爆発することはないが，一度怒り始めると止まらないタイプです。一度嫌な感情をもつと，どこまでも追い詰めていく「いじめ」を起こしやすいタイプです。

　このタイプには，感情の質とその段階を整理する練習をしたり，適切な表現方法を獲得させたりしていくことが大切です。

③激情・溜め込みタイプ

　爆発しそうな感情をのみ込むタイプで，精神的な負担が大きいです。

　このタイプには，怒りが自然な感情であることを理解させたり，イライラした後のクールダウンの方法を用意してあげたりすることが大切です。

④慢性・溜め込みタイプ

　怒りを押し込めて，表現しないタイプです。「怒ることはいけないことだ」というネガティブな印象をもっていることが多いです。

　このタイプには，怒りが自然な感情であることを理解させたり，適切な表現方法を獲得させたりしていくことが大切です。

♥ 支援・指導

　タイプに関係なく，イライラしたときに行う対処法をご紹介します。

①10カウント

　イライラしたときに，自分の心の中で10秒数えさせましょう。10秒数えていると，その間にイライラが少しおさまり，トラブルを防げるようになるかもしれません。

②タイムアウト

　イライラしたときには，一旦その場を離れましょう。イライラの原因となっているものがあると，なかなか気持ちを切り替えることができず，余計にトラブルになってしまいます。また，別の場所に行くことで，その子の中での場面の切り替えを行うことができ，スムーズにクールダウンできるかもしれません。

| 基礎知識 | 支援・指導 | ケース別 |

学級経営編

④自己表現が苦手な子への関わり方

👤 子どもの様子

○○さんは，小学校5年生です。家ではよく話すそうですが，学校ではまったく話をしません。担任が声をかけても知らん顔です。どのように支援・指導すればよいでしょうか。

📝 アセスメント

話そうとしない理由として，次の2つが考えられます。

①相手に興味がない，もしくは，好意をもっていない

自閉症スペクトラムの子に多いです。その子にとって，あなたと話すことは意味のないことか，嫌なことなのです。

②話すことへの不安感が強い

過去の人とのコミュニケーションの失敗体験から，話すことに対して不安感をもっています。話したいけど話せないタイプの子もいれば，関わること自体にしんどさを感じる子もいます。

❤️ 支援・指導

(1) 三項関係で関係づくり

話さない子に無理に話そうとさせてもダメです。変えるべきはあなたとの関係です。よい関係をつくり，その子が関わりたい，話したいと思えば，自然と話すようになります。そして，そこからコミュニケーションの力を伸ばしていけばいいのです。

よい関係をつくるには，1対1の関係ではなく，「三項関係」で接します。つまり，あなたとその子の関係でなく，間にその子の好きな物（道具）を挟

んで関わります。物への興味や好意が，次第にあなたへの好意や安心感を生み出します。例えば，次のような方法があります。

①教師が，その子の好きなものを与える役割になる

　例えば，絵を描くのが好きな子に対しては，マジックなどを教師が渡すルールにしましょう。自然とその子から関わってくる回数が増え，あなたに話すと楽しい活動ができるので，よい関係になっていきます。

②好きな遊びを一緒にする

　例えば，オセロやトランプなど，本人の好きな遊びを一緒にしましょう。その物やその行為の楽しさが，あなたへの好意や安心感に変わってきます。

(2) 言葉以外の方法で授業に参加させる

　授業は，言葉でのやりとりがほとんどです。これは，多くの人にとってそれが便利な方法だからです。しかし，言葉でのやりとりが苦手な子にとっては，苦痛な方法です。言葉でのやりとりにこだわる必要はありません。授業のねらいを達成するためには，別の方法もあるのです。例えば，意見表明が必要な場面では，マグネットで「YES」か「NO」か，選択肢の中のどれなのかを表現したり，紙に書いて表現したりする方法を用いましょう（資料16）。

　大切なのは，自己表現したときに，成功体験を得られることです。成功体験が増えれば，次第に自己表現の数が増え，言葉での表現も増えてくるでしょう。

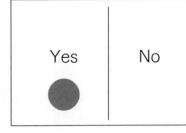

資料16　Yes/Noボード

学級経営編

⑤注意がそれやすい

子どもの様子

○○さんは，小学校4年生です。小さい頃から多動で，落ち着きのない子でした。最近，多動は少しおさまってきました。しかし，不注意なところはなかなか変わらず，聞きもらしや注意不足の失敗を繰り返してしまいます。どのように支援・指導すればよいでしょうか。

アセスメント

我々は診断できませんが，おそらくADHD（注意欠陥多動性障害）の傾向のある子だと推測できます。多動は，高学年になるにつれておさまってくることが多いのですが，不注意はなかなか変わりません。不注意とよく言いますが，正確には注意できないのではなく，外からの刺激に反応しやすいのです。支援の方法は，1章の「**注意**」で述べたので，ここでは**注意する力を高めるトレーニング**を紹介します。

支援・指導

(1) 反応抑制トレーニング

刺激への反応を抑制する力を高めます。例えば，いくつもの種類のフォントを用いた文字の中から，あるフォントの文字のみを選ぶ，という課題です。他のフォントへの反応を抑えながら，指定のフォントのみを探すので，反応抑制が鍛えられます。他にも，音声で「○○と言った後に□□と言ったら手を挙げる」などの課題があります。

(2) セルフマネージメント

　注意の力を伸ばすには，自分の特徴を理解することが大切です。

　注意の力を伸ばすのは難しいことです。そこで，自分がどういうときに不注意になるのか，そのときにどうすれば注意を向けられるのかを，自分自身で知り，対策を取ることが大切になります。これを，「セルフマネージメント」といいます。自分の特徴を理解し，それに合わせた「自分ルール」をつくりましょう。

　例えば，細部の情報に注意を向けることが苦手な子がいます。テストのときも，内容は理解しているのに，選択肢の違いに気づかずに，うっかり間違った選択肢を選んでしまいます。そのような子には，次のようなルールをつくりましょう。

・問題を解く前に選択肢をすべて見る
・解いた後に指でなぞりながら確認する

　不注意の子は，「問題をちゃんと見ているつもり……」，「見直しをしているつもり……」の子が多いです。そのため，具体的にどのような行動をすればそれを防げるのかをルールにすると，不注意を防ぐことができます。

　他にも，話が長いと，空想の世界に入ってしまい，聞けない子がいます。話を短くしてあげられればいいのですが，いつもというわけにはいきません。そこで，次のようなルールをつくりましょう。

・退屈なときには指を動かす

　人が話しているときに，動くのはよくない気がしますが，何もしないと空想に入ってしまうのです。それならば，他の人の迷惑にならない範囲で刺激を入れるほうがいいのです。両手の指を合わせて1本ずつグルグル回したり，小さく絵を描いたりすることで，空想の世界に入るのを抑え，注意を持続できるようになります。

基礎知識　　　　支援・指導　　　　ケース別

学級経営編

⑥計画的に取り組むのが苦手

子どもの様子

○○さんは，小学校6年生です。1つ1つの作業は上手にできますが，たくさんの作業をまとめて行う課題や，夏休みの宿題などの計画的に取り組まねばならない課題を完成させることが苦手です。どのように支援・指導すればよいでしょうか。

アセスメント

計画的に取り組むのが苦手な子は，プランニングに課題があります。**プランニングを高めるトレーニングを行いましょう**。前述したPASS理論に基づくプランニングを高める方法を3つ紹介します。

支援・指導

(1) ワーキングメモリを鍛える

ワーキングメモリが高まれば，プランニングの機能も高まります。なぜなら，プランニングするときの頭の作業台が大きくなるからです。36ページのトレーニングを行いましょう。

(2) プランニングの「自動化」を鍛える

見通しがもてない，はじめてのことが苦手な子の多くは，課題に対してどうやって取り組めば解決できるのかを計画することが苦手です。新しいことに対して，計画（プランニング）して取り組めるように練習し，それを頭の中で自動的に行えるようにしていきましょう。次の3つのステップで行います（表17）。

表17 プランニングの自動化を鍛えるステップ

1．教師が方法を教える	まずは教師がプランニングの方法を教えます。はじめは，本人にとって簡単な内容で行います。内容が難しいと，課題自体で頭がいっぱいになり，プランニングについて考える余裕がなくなってしまいます。	例：新聞づくり1 取り組む手順を書いた計画書を渡し，手順を1つずつ一緒にチェックしながら，計画通りに進める練習を行います。
2．子どもにその方法を実行させ，繰り返す	1つの方法でうまくできるようになったら，次は別の課題に対して同じ方法を自分で使えるように練習します。	例：新聞づくり2 先ほどとまったく同じ手順でできる課題を用意し，一人でできるように練習します。
3．その方法を応用して実行する	最後に，別の課題に対して，自分で計画を立てる（プランニング）練習をします。	例：新聞づくり3 少し違う課題であるポスターづくりなどにして，自分で計画を立てて取り組めるようにします。

（筆者作成）

(3) メタ認知を鍛える

メタ認知を鍛えるためには，自分の行動を振り返る体験を重ねることが大切です。授業内で振り返り活動を定期的に取り入れ，振り返る力を高めていきましょう。振り返り活動は，次の手順で行います。

1．ある活動を実施します。
2．その活動の後で，取り組んだこととどのような結果であったかを振り返ります。そして，よい点・改善すべき点を書き出します。この段階では，教師が多く介入します。
3．別の活動でも，同様の手順で振り返り活動を実施します。教師の介入を少なくし，自分でよい点・改善すべき点を振り返ります。
4．活動後だけでなく，活動前や活動中に，自分の取り組みを定期的に評価する場面を設定します。活動の中で，自分の活動を修正していくことで，メタ認知の力を高めていきます。

⑦思ったことをすぐ口に出してしまう

👤 子どもの様子

○○さんは，小学校3年生です。活発で元気なのですが，思ったことをすぐに口に出してしまい，授業中に他の子が当たっているのに発言してしまったり，友だちが嫌がることを言ったりしてしまいます。悪気はなさそうです。どのように支援・指導すればよいでしょうか。

📝 アセスメント

思ったことをすぐに口に出してしまうのは，頭の中のメモ帳であるワーキングメモリが少ない可能性があります。そのため，覚えておけないので，次々に口に出してしまうのです。**ワーキングメモリを高めるトレーニングを行いましょう。**

❤ 支援・指導

ワーキングメモリを鍛えるには，ワーキングメモリの4つの機能のどの部分を鍛えているのかを意識して課題をつくることが大切です。右の図の矢印の処理が行われる場面を意図的につくり出し，トレーニングしていきます。4つの例を紹介します。

図12　ワーキングメモリの機能（図8再掲）

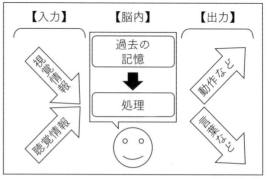

（筆者作成）

(1) 聴覚→操作→聴覚　課題

　資料17のようなシートを用いて，数字，または数字とひらがなをランダムに書き込みます。そして，お互いにシートを隠して，口頭で順に言い，相手は言われたものを次のルールに従って答えます。

資料17　ワーキングメモリ課題

7	1	5					
3	5	2	8				
2	8	7	3	9			
1	3	5	7	6	4		
6	4	1	9	8	3	2	
8	9	6	5	4	2	1	3
2	4	8	6	3	1	9	7	5

（筆者作成）

①順唱：言われた数字をそのまま答えます。
②逆唱：言われた数字を逆から答えます。
③語音整列：50音と数字の混ざった情報を，数字は小さいほうから，50音は早いほうから答えます。

(2) 視覚→操作→聴覚　課題

○絵カードの並べ替え
・提示された絵カードを，提示された順に答えます。
・提示された絵カードを，50音の早い順に答えます。

(3) 視覚（聴覚）→操作→聴覚→制御　課題

　赤色で「あお」など，文字と色が不一致で書かれたカードを見て，文字を答える，または文字の色を答える課題です。1つの情報を制御しながら，情報を読み取る課題となっています。

(4) 聴覚→長期記憶→操作→聴覚　課題

　「『あ』で始まり『お』で終わるものは？」など，条件に合う単語を考えて答える課題です。条件に対して，自分の知っている言葉を長期記憶から探して答える課題となっています。

基礎知識	支援・指導	ケース別

授業編

①漢字が覚えられない

子どもの様子

> 小学校2年生の○○さんは,とてもまじめな子です。勉強にも意欲的です。しかし,漢字がなかなか覚えられません。毎日,宿題をやってきますし,漢字に関しては,先生が出した宿題の2倍の回数を書いてきますが,効果は出ません。どのように支援・指導すればよいでしょうか。

アセスメント

コツコツまじめに取り組んでいるのに,結果が出ない子,みなさんのクラスにもいるのではないでしょうか。どれだけやってもできないので,「この子はLD(学習障害)なのでは?」と考えるかもしれません。もちろん,その可能性もありますが,まずは「別の方法ならできるかな?」と考えてみましょう。その子の得意な力を使った**「タイプ別指導法」**です。

○○さんの先生は,「漢字を○回書いてくる」という宿題を出しているようです。しかし,この方法では,○○さんの漢字の力は伸びませんでした。「漢字を○回書いてくる」という課題には,次のような特徴があります。

- 漢字を一度覚えて,それをすぐに自分で書く作業を何度も行うので,ワーキングメモリ(一時的に覚えておいて作業する能力)を必要とする課題である。
- 不器用な子は,間違えた字を何度も書いてしまい,正しく覚えることができない。

苦手さが著しくない子は,この宿題で漢字を覚えられるでしょう。しかし,

ワーキングメモリの少ない子や，不器用な子にとっては難しい課題なのです。ワーキングメモリの少ない子の中には，画数の多い字になると，部首などを先に書いて，後で残りを書くという，ワーキングメモリに負担のない方法でやってしまいます。もちろん，これでは漢字を覚えることは難しいでしょう。では，どのような方法がよいのでしょうか。タイプ別指導法で考えてみましょう。

♥ 支援・指導

　漢字をたくさん書いて覚えるという課題で効果がないので，継次処理型の学習よりも，同時処理型の学習のほうがよいかもしれません。同時処理型では，漢字を映像として捉えて覚えるという方法を用います。例えば，漢字に絵の輪郭をつけ，イメージを映像として覚える「輪郭漢字」を用いる方法があります。また，漢字を部首やつくりごとに色分けし，それを映像で覚えるという方法もあります。テストが「書き」で行われるのであれば，最終的には「書く」という活動も必要になりますが，覚える段階ではできるだけ「書く」量を減らして，見て覚えるという得意な方法を用いましょう。

表18　漢字のタイプ別指導法

同時処理型	継次処理型
○漢字を映像として覚える。 ・輪郭漢字 ・漢字を部分ごとに色分け	○書き順やパーツを順に覚える。 ・書き順を音で覚える。 ・漢字を部分に分けて覚える。
梶	木 + 尸 + 毛

（藤田和弘他『長所活用型指導で子どもが変わる』54-55頁・82-83頁を参考に筆者作成）

　また，継次処理型の子は，空間認知は苦手ですが，書き順やパーツを順番に覚えるという方法が得意です。そこで，書き順で絵描き歌をつくったり，漢字の部分ごとに番号をつけたりして覚えることで，空間認知の苦手さを用いずに，順を追って取り組む得意な力を用いることができます。

授業編

②地図が読めない

子どもの様子

○○さんは小学校3年生で，言葉遊びや計算が大好きです。一方で，社会科の地図の読み取りがまったくできません。学校から自分の家までの道のりを描いても，学校・家・間の目印が直線的に並んでおり，空間的な位置関係の理解が苦手のようです。どのように支援・指導すればよいでしょうか。

アセスメント

地図を読むのが苦手な子は，次のような課題がある場合が多いです。

- 地図全体ではなく，地図記号などの印に注意が集中している。
- 校外を歩くときに，道順や情景ではなく，看板などの部分に注意が集中する。
- 地図と実際の世界がつながりにくい。

これらはすべて，同時処理が苦手な子に起こる課題です。地図を読むのが苦手な子のほとんどは，同時処理が苦手です。物事の空間的な位置関係を捉えるのが苦手なために，地図を読むのが苦手なのです。一方で，継次処理が得意なことが多いので，その得意さを生かした学習を計画します。得意・不得意は，次のように表されます。

得意なこと	・部分（地図上の地点）を見ること
不得意なこと	・地点の位置関係を捉えること
	・全体の傾向をつかむこと
	・地図と実際の世界をつなげること

💙 支援・指導

継次処理型の指導のポイントは，5つ（①段階的な教え方，②部分から全体へ，③順序性の重視，④聴覚的・言語的な手がかり，⑤時間的・分析的）でした。そこで，次のような方針で指導を行いましょう。

①点→線→面の順で教える

　いきなり地図全体を提示しても，細部に注目してしまうために，うまく読み取ることができません。そこで，次のような手順で指導しましょう。
・「〇〇小学校を指で押さえなさい」
・「そこから指を北（上）にもっていくと見つかる物を〇で囲みなさい」
・「〇〇小学校の北側には何がありますか」
　地図の中で，視点を1つに決めてあげて，そこから方位を教えると，継次処理型の子は理解しやすくなります。

②目に見えること，数えられることから段階的に教える

　方角や傾向など，抽象的な事柄を教える前に，目に見えることや数えられることなどの具体的な物を探す課題から始めて，次第に抽象度を高めていくほうが，継次処理型の子は理解しやすくなります。

③地図→立体地図→教室内立体地図→実際の世界へと，段階的に教える

　地図と実際の世界の関係を捉えることが苦手なので，スモールステップで段階的に教えましょう。地図の読み取りの後は，立体地図を用います。市販のものでも構いませんし，等高線ごとに段ボールを重ねてつくっても楽しく学習できます。次に，教室内にミニ世界をつくって，その中を歩いてみる活動も，地図と実際の世界をつなげるうえで有効です。そして，屋上から実際の世界を眺め，実際に歩く活動と往復させることで，次第に地図を読み取る力がついていきます。

基礎知識　支援・指導　ケース別

授業編

③九九ができない

子どもの様子

○○さんは，元気で活発な小学校２年生です。勉強にも意欲的ですが，九九がどうしても覚えられません。暗唱にも何度もチャレンジしますが，必ず途中でつまずいてしまいます。どのように支援・指導すればよいでしょうか。

アセスメント

みなさんは，九九をどのように覚えましたか。「インイチがイチ，インニがニ，……」と，声に出して暗唱した方もいれば，九九表を見ながら覚えた方もいらっしゃるでしょう。この覚え方が自分のタイプと合っていれば，比較的容易に覚えることができます。しかし，自分に合っていないと，覚えるのに苦労するはずです。○○さんは，暗唱で覚えられなかったので，同時処理型の指導を試してみましょう。

では，子どものタイプに合わせた，タイプ別指導法を紹介します。

支援・指導

(1) 同時処理型

①線の交差

縦線と横線の交差の数を数えるという方法で，答えを導き出せます。例えば，「２×３」の場合，右図のように縦に２本，横に３本の線を引きます。すると，交差が６つできるので，「２×３＝６」と答えを導き出せます。

資料18　線の交差

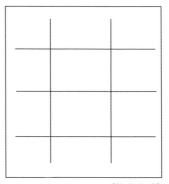

（筆者作成）

②九九表を用いる

　視覚的な情報から覚えることが得意なので，九九表を活用しましょう。はじめは，見て答えて OK です。例えば，3×4 の場合，資料19のようにシートを合わせます。すると，「・」の数を数えれば答えがわかります。九九のしくみも理解できるようになっています。資料19で難しい場合は，資料20のように答えがすべて載ったもので練習しましょう。

資料19　九九表①

資料20　九九表②

	9	18	27	36	45	54	63	72	81
8	8	16	24	32	40	48	56	64	72
7	7	14	21	28	35	42	49	56	63
6	6	12	18	24	30	36	42	48	54
5	5	10	15	20	25	30	35	40	45
4	4	8	12	16	20	24	28	32	36
3	3	6	9	12	15	18	21	24	27
2	2	4	6	8	10	12	14	16	18
1	1	2	3	4	5	6	7	8	9
	1	2	3	4	5	6	7	8	9

（「TOSS かけ算九九計算尺セット」*を参考に筆者作成）

（筆者作成）

(2)　継次処理型

●暗唱

　音声情報から覚えることが得意なので，「インイチがイチ，インニがニ，……」と声に出して覚える暗唱の方法を用いましょう。「今日は 2 の段の 5 まで」，「次は 2 の段の 9 まで」と，段階的に 1 つずつ順番に取り組むようにすると，1 つずつ確実に身につけていくはずです。さらに，音楽などでリズムをつけるなどの工夫をすると，より覚えやすくなります。

＊（株）東京教育技術研究所にて販売

基礎知識　　支援・指導　　ケース別

授業編

④発表するのが苦手

子どもの様子

○○さんは，小学校6年生です。勉強はそこそこできますが，授業中に発表しようとせず，指名されるとドギマギしてしまい，うまく答えられません。どのように支援・指導すればよいでしょうか。

アセスメント

発表するのが苦手な子の理由はたくさん考えられます。しかし，授業の様々な場面で自分の考えを発表するときに用いるスキルである「発表スキル」を身につければ，発表が得意になる場合があります。スキルトレーニングの手順で手立てを考えます。

「発表する」という課題を細分化すると，次のようになります。
①課題が何かを理解する。
②課題について考える。
③課題にどう答えるかを考える。
④どう答えるかに当てはめて，自分の考えをまとめる。
⑤他者に伝わるかどうか，考える。
⑥自分の考えを，他者に伝える。

このように，「発表する」という課題は，たくさんの作業を同時に行わなければなりません。そのため，つまずく子が多く，学年が上がるにつれて，発表できなくなるのです。そこで，作業を1つずつ区切り，順に進めていきます。課題を細分化して，1つずつ取り組むことで，することが明確になり，スムーズに取り組むことができます。

💗 支援・指導

(1) スモールステップ

アセスメントをもとに，スモールステップで活動を組み立てると，下のようになります。

①自分の立場に○をつける。
②発表の型に合わせて発表内容を決める。
③書いた内容を見ながら発表する。

(2) つまずきポイントへの支援

発表スキルでのつまずきは，頭の中で複数のことを考えないといけないことによるものが多いです。そこで，「視覚化」による支援を行います。視覚化とは，目に見えにくいものを，目に見える形で表すことです。アセスメントで細分化した流れをワークシートで表すと，資料21となります。

　資料21　ワークシート

（筆者作成）

また，次のようなものもあると取り組みやすくなります。

・内容を図や絵で示す。
・発表するとき，聞くときのルールを示す。
・クラスメイトの発表を板書する。

(3) 活動の手順

スキルトレーニングは，すべて次の手順で行います。まず，教師が手本を見せます。モデリングです。次に，よい言動をしている子を全体の場でほめます。すると，よいモデルが明確になります。ほめられようと，その言動が学級全体に増えます。そして，できるだけ多く，できれば全員の子どもに発表させます。リハーサルです。必ず成功するように順番や雰囲気づくりに注意しましょう。「発表できた」という経験が，次のよい行動を生みます。

授業編

⑤話を聞くのが苦手

子どもの様子

○○さんは，小学校5年生です。悪気があるわけではないのですが，人の話をじっと聞いていることが苦手です。人が話している間に話してしまったり，教師が指示したすぐ後に「何するの？」と聞いたりします。どのように支援・指導すればよいでしょうか。

アセスメント

話を聞くのが苦手な子は，クラスに複数名いるのではないでしょうか。何らかの特性があって聞けない場合もありますが，多くの場合は，授業で教師やクラスメイトの話を聞くときに用いる**「聞くスキル」**を高めれば，聞けるようになります。スキルトレーニングの手順で手立てを考えます。

(1) 課題分析

どうして人の話を聞けないのでしょうか。聴覚の機能的な課題を抱える子ももちろんいますが，学級の中の多くの子は次のような困り感をもっていると考えられます。

①誰の話を聞くのかがわからない。（対象）
②いつ聞くのかがわからない。（タイミング）
③何を何のために聞くのかがわからない。（目的・内容）
④聞いても意味がわからない。（理解）

これらのことは，普通は習わなくても自然と身につけていくものです。しかし，発達に課題のある子など，暗黙のルールを理解することが難しい子は，こういったことを身につけにくいのです。1つ1つをスキルとして教える必

要があります。

支援・指導

(1) スモールステップ

聞くことに関する目標を細分化し，スモールステップで指導しましょう。例えば，まず「聞いた内容を○×や選択肢から選ぶことができる」，次に「聞いた内容を穴埋めで答えることができる」，そして「聞いた内容を自分の言葉でメモすることができる」という段階に分けて指導することで，聞くことが苦手な子も，無理なく学習できます。

(2) つまずきポイントへの支援

①話者の明示

複数の子が前に出て発表する場面や，討論など話者が不明確な場面では，誰に注目するかがわかりにくくなります。そこで，誰が話すときなのか，誰に注目するのかを，言葉で伝えたり，かぶりものや札などで視覚的にわかりやすく示したりしましょう。

②聞くタイミングの明示

だらだらと話されると，いつ集中して聞けばよいかがわからなくなります。また，注意を向けることが難しい子は，いつ注意を向けるかを伝えてもらわないと聞くことが難しいです。そこで，いつ聞くのかを，視覚的・聴覚的に伝えましょう。例えば，教師が言葉で伝えたり，耳のマークを提示したりするなどの方法があります。

③メモさせる

聞くことは，ともすると受動的で聞いたつもりになりがちです。これは，聞く目的がないからです。メモを取る課題を与え，意図的に聞く目的を与えましょう。はじめは，聞いた内容に○×で答えたり，選択肢から選んだりする課題から始め，次第に聞く量を増やしていくことで，確実に聞く力は高まります。

| 基礎知識 | 支援・指導 | ケース別 |

授業編

⑥議論するのが苦手

子どもの様子

○○さんは，小学校6年生です。勉強はよくできますが，討論や議論の活動のときに，自分の意見を言うことができません。いざ発表しても，内容のずれた発言になってしまいます。どのように支援・指導すればよいでしょうか。

アセスメント

議論に参加するには，様々なスキルが必要です。それを一度に行うことが難しいため，参加できない子が増えてしまいます。スキルトレーニングの手順で1つずつ**「議論スキル」**を高めていきましょう。

「議論する」という課題を細分化すると，次のようになります。

- 話題が何かを理解する。
- 前に他者が発表したことを理解する。
- 自分の意見を考える。
- 議論の流れを踏まえて，発表の仕方を考える。
- タイミングよく挙手し，意見を発表する。
- 自分の意見に対する他者の意見を理解する。

支援・指導

(1) スモールステップ

議論スキルは，長期的なステップで少しずつできることを増やしていきましょう。次のようなステップが考えられます。

①発表することを決めておき，流れに合わせて教師が指名する。
②他者の発表をメモする。
③他者の発表の要点をメモする。
④議論の流れに合わせて発表する。

いきなりすべてを求めるのではなく，スモールステップで長期的な視点で捉えて，できることを増やしていきましょう。

(2) つまずきポイントへの支援

議論スキルも，視覚化することで，取り組みやすくなります。

①話をつなげる型の明示

例えば，「〇〇さんの意見につけたしです。～によると，」のように，話をつなげる型を示しておき，その練習をしましょう。

②現在の話題を「今ココ」カードで視覚化

議論の内容が，今どの内容なのかを「今ココ」カードで視覚的に提示しましょう。テレビのテロップのように，話している内容がわかりやすくなります。

③板書の構造化

「板書の構造化」でも述べたように，議論の授業の場合は，議論型の板書にすべきです。テーマ（学習課題）と解決策（ゴール），そして，それぞれの意見を見やすく構成しましょう（資料22）。

資料22　議論型板書

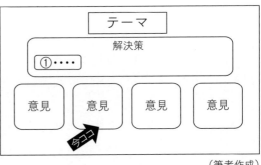

（筆者作成）

おわりに

　私は，昨年度までの7年間の教師生活の中で，多様な子どもたちと出会ってきました。というのも，初任から4年間は特別支援学校に勤務し，その後，中学校へ異動，昨年度からは生徒指導主事を務めています。
　出会ったどの子も，それぞれすばらしい個性をもっていました。一方で，様々な課題を抱え，不適応行動を起こすという一面をもった子もいました。自分の思い通りにならないと，泣き叫んだり，周りに暴力をふるったりしてしまう子。こちらが真剣に叱っているのに，大笑いする子。話をしようとすると，暴言を浴びせてくる子。
　経験の浅い私にとって，子どもたち一人ひとりの言動は，とても新鮮で，彼らからたくさんのことを学びました。その中で，「この子を何とかしたい！」という思いから，職場のたくさんの先生方から教えを請い，寝る間を惜しんでたくさんの書籍を読み，よりよい方法を考えました。
　本書は，そんな「目の前の子を何とかしたい」という思いから学んだことを実践し，効果的だったものをまとめました。そのため，本書は様々な方の理論や実践を参考にさせていただきました。また，紙幅の都合で書ききれなかった内容もたくさんあります。さらに，これから出会う子どもたちと関わる中で，追加・修正されていくことでしょう。

　最後に，本文のどこにも書けませんでしたが，子どもを支援・指導するうえで大切なことを3つお伝えします。それは，本文で書いた具体的な方法よりももっと根幹に位置づくものです。

①**教師が主導権を握ること**
　子どもが不快感や威圧感を感じることなく楽しんでいるが，実は教師がやりとりの主導権を握っている，そんな関係が理想です。「支援」というと，どうしても子どもの行動に対して行いがちで，後手になりがちです。教師が後手の関係では，子どもの成長は限られます。
　本文で書いたようなアセスメントの方法を用いて子どもを理解し，先手となる環境整備や関わりを行い，主導権を握るように心がけましょう。

②**周りの子どもとの関わり**
　支援が必要な子どもに対しては，教師が関わりすぎる傾向があります。子どもは，教室集団の中で生活しており，子ども同士の関係をとても気にしています。教師が言っても聞かないことでも，友だちが言うと素直に聞けるということはたくさんあります。友だちとの関わりの中で，たくましく成長することがたくさんあります。教師と子どものタテの関係だけでなく，子ども同士のヨコの関係を意識しましょう。そして，その関わりがうまくいくように支えましょう。

③**笑顔**
　笑顔には，人を元気にする力があります。安心感を与えます。挑戦したくなる勇気を与えます。どんなによい方法を用いていても，いつもしかめっ面をした教師には，子どもを成長させることは難しいでしょう。笑顔溢れる教師は，多少不十分なところがあっても，子どもが寄ってきます。子どもとの関係ができます。子どもとの関係ができれば，支援・指導の半分は成功しているのです。どんなにつらいときでも，子どもの前では明るく笑顔でいられる教師になりましょう。

　本書が，明日からの先生方の実践に役立ったり，希望を与えたりすることができれば幸いです。

梶谷　真弘

引用・参考文献一覧

- J.A.ナグリエリ『エッセンシャルズ　DN-CASによる心理アセスメント』日本文化科学社，2010年
- J.A.ナグリエリ『DN-CASによる子どもの学習支援』日本文化科学社，2010年
- J.M.ケラー『学習意欲をデザインする』北大路書房，2010年
- J.R.カービィ『学習の問題への認知的アプローチ』北大路書房，2011年
- 上野一彦他『特別支援教育の理論と実践Ⅰ』金剛出版，2012年
- 岡田智他『特別支援教育ソーシャルスキル実践集』明治図書，2009年
- 奥村智人『教室・家庭でできる「見る力」サポート＆トレーニング』中央法規，2011年
- 小栗正幸『ファンタジーマネジメント』ぎょうせい，2015年
- 関西大学初等部『関大初等部式思考力育成法ガイドブック』さくら社，2015年
- 竹田契一他『特別支援教育の理論と実践［第2版］Ⅱ』金剛出版，2012年
- 鳥居深雪『脳からわかる発達障害』中央法規，2009年
- ドロップレット・プロジェクト編『視覚シンボルで楽々コミュニケーション』エンパワメント研究所，2010年
- 平山諭『ADHD・ASのための環境対話キャンプ－脳科学を活用した21のスキル』麗澤大学出版会，2005年
- 平山諭『親と教師のためのADHD・ASを変える環境対話法』麗澤大学出版会，2004年
- 藤田和弘他『長所活用型指導で子どもが変わる』図書文化，1998年
- 本多和子『発達障害のある子どもの視覚認知トレーニング』学研プラス，2012年
- 本田恵子『キレやすい子の理解と対応』ほんの森出版，2002年
- 本田真美『医師のつくった「頭のよさ」テスト』光文社，2012年

・前川久男他『発達障害の理解と支援のためのアセスメント』日本文化科学社，2013年
・向山洋一『子供を動かす法則』明治図書，1987年
・向山洋一『授業の腕をあげる法則』明治図書，1985年
・湯澤美紀他『ワーキングメモリと特別な支援』北大路書房，2013年

【著者紹介】
梶谷　真弘（かじたに　まさひろ）
1986年生まれ。大阪府茨木市立南中学校教諭。分担執筆に，『主体的・対話的で深い学びを実現する！100万人が受けたい社会科アクティブ授業モデル』(明治図書)，『新任１年目でもうまくいく！子どもの心をパッとつかむ驚きの授業ルール』(学陽書房)，『中学校社会科"アクティブ・ラーニング発問"174 わくわくドキドキ地理・歴史・公民の難単元攻略ポイント』『対話的深い学びを測る新授業の評価　新中学社会の定期テスト』(以上，学芸みらい社)など。雑誌原稿多数。社会科，特別支援教育に造詣が深い。支援教育研究サークル「SPEC」代表。

［本文イラスト］木村美穂

特別支援教育サポートBOOKS
学級経営＆授業のユニバーサルデザインと合理的配慮
―通常の学級でできる支援・指導―

2018年８月初版第１刷刊　©著　者	梶　谷　真　弘
2021年11月初版第４刷刊　発行者	藤　原　光　政
	発行所　明治図書出版株式会社
	http://www.meijitosho.co.jp
	(企画)林　知里 (校正)井草正孝
	〒114-0023　東京都北区滝野川7-46-1
	振替00160-5-151318　電話03(5907)6703
	ご注文窓口　電話03(5907)6668
＊検印省略	組版所　長野印刷商工株式会社

本書の無断コピーは，著作権・出版権にふれます。ご注意ください。

Printed in Japan　ISBN978-4-18-260415-7
もれなくクーポンがもらえる！読者アンケートはこちらから→